中国当代青年
水墨年鉴 2014

2014

Chinese Contemporary Youth

Ink Yearbook

人民美術出版社

中国当代青年
水墨年鉴 2014

Chinese Contemporary Youth Ink Yearbook

人民美術出版社

中国现当代
美术文献研究中心
CCAD Chinese Modern & Contemporary Art Document

{第一回展|虚实} 时间 / 2014 年 9 月 5-14 日
{第二回展|入境} 时间 / 2014 年 10 月 10-17 日
{第三回展|形神} 时间 / 2014 年 11 月 9-20 日

策展团队 / 赵力 陈琳 宋继瑞
学术顾问 / 邵大箴 薛永年 皮道坚 秦昌桂 鲁虹 罗诺德
资料整理 / 麻娴 汤沙 杨之歌 曾念
展览助理 / 谌彧
展览视觉 / 张左贤
主办机构 / 中国现当代美术文献研究中心 CCAD
承办机构 / 中立策略文化艺术有限公司
展览地点 / 圣之空间艺术中心

Google CULTURAL INSTITUTE

中国现当代美术文献研究中心 CCAD 与谷歌文化学院(Google Cultural Institute)合作，建立“中国当代青年水墨年鉴”在线展览，可登录谷歌文化学院网站，浏览回顾参展作品。

https://www.google.com/culturalinstitute/collection/ccad?projectId=art-project&hl=zh-cn

目录

Contents

出版说明

2014 —

Publisher's Note

中国绘画自萌芽起，历经了上千年的发展演进，在中国特有的文化历史背景下，发展出迥然有别于西方架上绘画的传统与体系。在晚清以前，中国绘画的发展节律较为平缓，风格的演变基本呈渐进式。然而，在20世纪百年的内部动荡和外部冲击之下，中国社会及文化皆经历翻天覆地的巨变，中国绘画更是迎来亘古未有的激变。肇始于20世纪初的中国画革新之路，在经历了新中国建国后17年论争及“文革”10年政治主题服务后，至20世纪70年代后期，在中国当代艺术的蓬勃发展中被重新激活。近年来，学术界开始以“当代水墨”来指称材质、技法、题材都有别于传统的中国绘画。经过长期的实验、发展和积累，当代水墨逐渐形成了独有的艺术特征和评论体系。

在当代艺术语境中，受众对水墨的理解不应拘泥于其外部属性，水墨的内核在于精神。因此，它首先是自由的表达即出自个体心灵的表达，以及在创作过程中灵机的、偶然的出现，从而到达个性化的无拘无束；其次，它是精神性的创造，并通过具体的创作最终落实为多样而丰富的意境。当代水墨的核心在于突破性，它基于真实表现的自由度，更立足于不顾一切的“往前”的勇气。虽然个人发展不可能与艺术史的方向完全重合，但是水墨艺术家应该保持一种“向前”的姿态。突破性在艺术创作中的具体反映即是实验性，敢于以水墨为介质、以水墨为精神、以水墨为发展方向，形成实验的多样性。即便实验可能导致各种的不确定性、不完整性、不成熟性，但是实验性就是水墨当代性中最核心的组成。

近年来，青年水墨艺术家的成长尤其引人瞩目，他们有具有突破性的作品面貌和艺术观念逐渐受到了社会的关注与认可，然而学界对此仍缺乏足够的整理和反思。近期中国当代青年水墨的创作变化，使这项工作愈发凸显必要和紧迫。作为现当代美术文献研究与当代青年艺术交流与推广的专业机构，中国现当代美术文献研究中心（CCAD）启动“中国当代青年水墨年鉴”年度课题，通过展览和出版的形式，记录、梳理并呈现青年水墨创作的最新现状。

《中国当代青年水墨年鉴》系列丛书由中国现当代美术文献研究中心（CCAD）与人民美术出版社合作出版，邀请国内知名专家学者担任学术顾问，以当代性与国际性的视野整体观照青年水墨艺术创作，通过文献记录的方式梳理创作现状，研判创作趋向，凸显艺术价值。

《中国当代青年水墨年鉴》主要由“艺术家”、“现场记录”、“年度水墨大事记”等部分构成。“艺术家”部分是对该年度表现突出的青年水墨艺术家创作及其所参与重要艺术活动的记录和呈现。在艺术家的选择上，“年鉴”秉承全面性与代表性相结合的原则，根据创作、展览等因素综合考量，力图忠实客观地记录当代水墨领域优秀青年艺术家的创作情况。

“现场记录”部分是对系列学术展览“中国当代青年水墨年鉴展”及其相关学术活动的文献性回顾。展览邀请年度最具实验性和代表性的青年水墨艺术家进行全新创作，其中不仅关注艺术家个体创作的突破和深度思考，更着眼于群体创作的进展。“中国当代青年水墨年鉴展”共分为“虚实”、“入境”、“形神”三回，历次展览期间，水墨年鉴项目团队还策划组织了艺术家讲座、跨界对谈等学术活动，这些内容都通过文字及图片文献在书中得以呈现，为社会公众提供了当代视觉文化的有力证据。

“年度水墨大事记”广泛关注2014年内当代水墨领域发生的艺术事件，涵盖展览、研讨会等多种形式，按照实际发生时间择要编目索引，以便于检索与回顾。

中国现当代美术文献研究中心

2015年2月

艺术家

2014

Artists

CAI
蔡译德 YIDE

1988年 生于台湾桃园县
2010年 就读于台湾艺术大学书画艺术学系硕士班
2013年 成立水墨个人工作室

2014年艺术活动

3 月 新北市美术家联展，新北市艺文中心，新北

一念之间 *2011*
纸本设色
180cm × 90cm

车水马龙 *2013*

纸本设色

60cm×80cm

遐想 *2013*

纸本设色

160cm×81cm

2014 —

守候 *2013*

纸本设色

156cm × 65cm

那扇门之后 *2013*

纸本设色

105cm×80cm

1095 个日子 *2013*

纸本设色

141cm×344cm

听说 *2013*

纸本设色

45cm×90cm

CHEN
陈柏安 BO'AN

1990 生
台湾艺术大学书画艺术学系学士
台湾艺术大学书画艺术学系硕士

2014年艺术活动

1月 不安定因素 · 七人当代水墨联展，朝代画廊，台北

曜 *2013*
墨、云母粉、亚克力材料
120cm×65cm

潜藏 *2013*
墨、云母粉、亚克力材料
45cm × 180cm

淼－堆 *2013*
墨、云母粉、亚克力材料
69.5cm × 69.2cm

淼－轻抚 *2013*
墨、云母粉、亚克力材料
45cm × 22cm

淼－愁 *2013*

墨、云母粉、亚克力材料

44cm×44cm

淼－神游 *2013*
墨、云母粉、亚克力材料
37.5cm×44.5cm

DENG
邓先仙 XIANXIAN

1980年 生于江苏
1999年 毕业于中国美术学院附中
2006年 获中国美术学院国画系硕士学位
2011年 获中国美术学院国画专业博士学位
现生活工作于杭州

2014年艺术活动

7月 同心塑美 · 第十三届浙江省美展，浙江省美术馆，杭州
11月 中国当代青年水墨年鉴展 · 第三回，圣之空间，北京

书里的故事 *2013*

纸本设色

76.5cm×92cm

女孩肖像之一 *2013*
纸本设色
75cm × 45cm

女孩肖像之二 *2013*

纸本设色

75cm × 45cm

2014 —

白鸟 *2011*

纸本水墨

84cm × 113.5cm

镜界 *2013*

纸本水墨

79.5cm × 33.5cm

老男孩 *2014*
纸本水墨
29cm×22cm

水边 *2014*
纸本水墨
41cm × 23.5cm

DU
杜小同 XIAOTONG

1972年 生于陕西
2009年 毕业于中央美术学院中国画学院，获艺术硕士学位
现生活工作于烟台

2014 年艺术活动

1月 水墨 · 笔墨一柒社雅集第三回展览，映禾美术馆，南京
3月 首届 70 后水墨大展，金陵美术馆，南京
3月 艺术家的理想 · 柒社雅集第四回展览，今日美术馆，北京
4月 中国当代水墨状态 · 鸿蒙变一玉衡艺术中心开幕展，玉衡艺术中心，上海
5月 关注的力量 · 青年水墨作品展，今日美术馆，北京
6月 现场 · 跨地域的水墨经验，喜马拉雅美术馆，上海
6月 墨言新语 · 当代水墨展，北京 1+1 艺术中心，北京
10月 中国当代青年水墨年鉴展 · 第二回，圣之空间，北京

垂直 *2014*

纸本水墨

99.7cm × 53cm

大暑之一（上） *2014*
纸本水墨
70cm × 365cm

大暑之二（下） *2014*
纸本水墨
70cm × 365cm

清 *2014*
纸本水墨
108cm × 51cm

跳 *2014*
纸本水墨
106.5cm × 50cm

城 *2011*

纸本水墨

97cm × 253cm

记忆之桥 *2012*

纸本水墨

112.5cm × 229.8cm

GUAN 管伟邦 WEIBANG

1974年 出生
获得香港中文大学文学学士及艺术硕士学位
现任香港浸会大学助理教授

2014年艺术活动

3月 水墨心境，本·布朗画廊，香港
6月 港水港墨 · 中国画学会香港首届会员作品展，关山月美术馆，深圳
6月 中国当代水墨画展，佳士得艺廊，香港
9月 自然至上，狮语画廊，上海
11月 亚洲艺术文献库周年筹款 2014，亚洲艺术文献库@佳士得，香港

树影婆娑 *2014*

纸本水墨

169cm × 65cm × 2

会弁如星（上） *2014*
绢本设色
25cm × 25cm × 9

飒飒风声（下） *2014*
纸本水墨
51cm × 354cm × 3

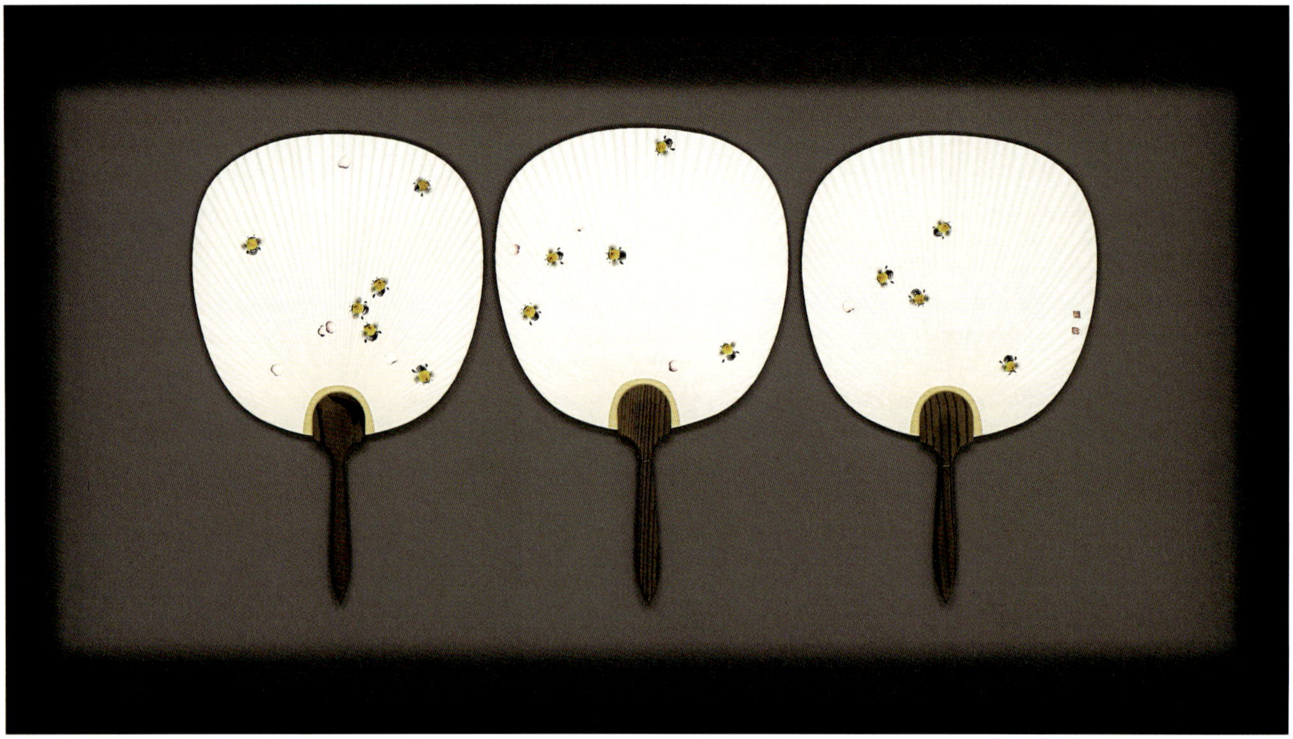

花落知多少 *2013*

纸本水墨设色团扇

34cm × 23cm × 3

清风徐来 *2013*

设色纸本团扇及机械

50cm × 45cm × 45cm × 15

2014 —

菉竹猗猗 *2013*

金笺卡板设色

45cm × 53cm × 24

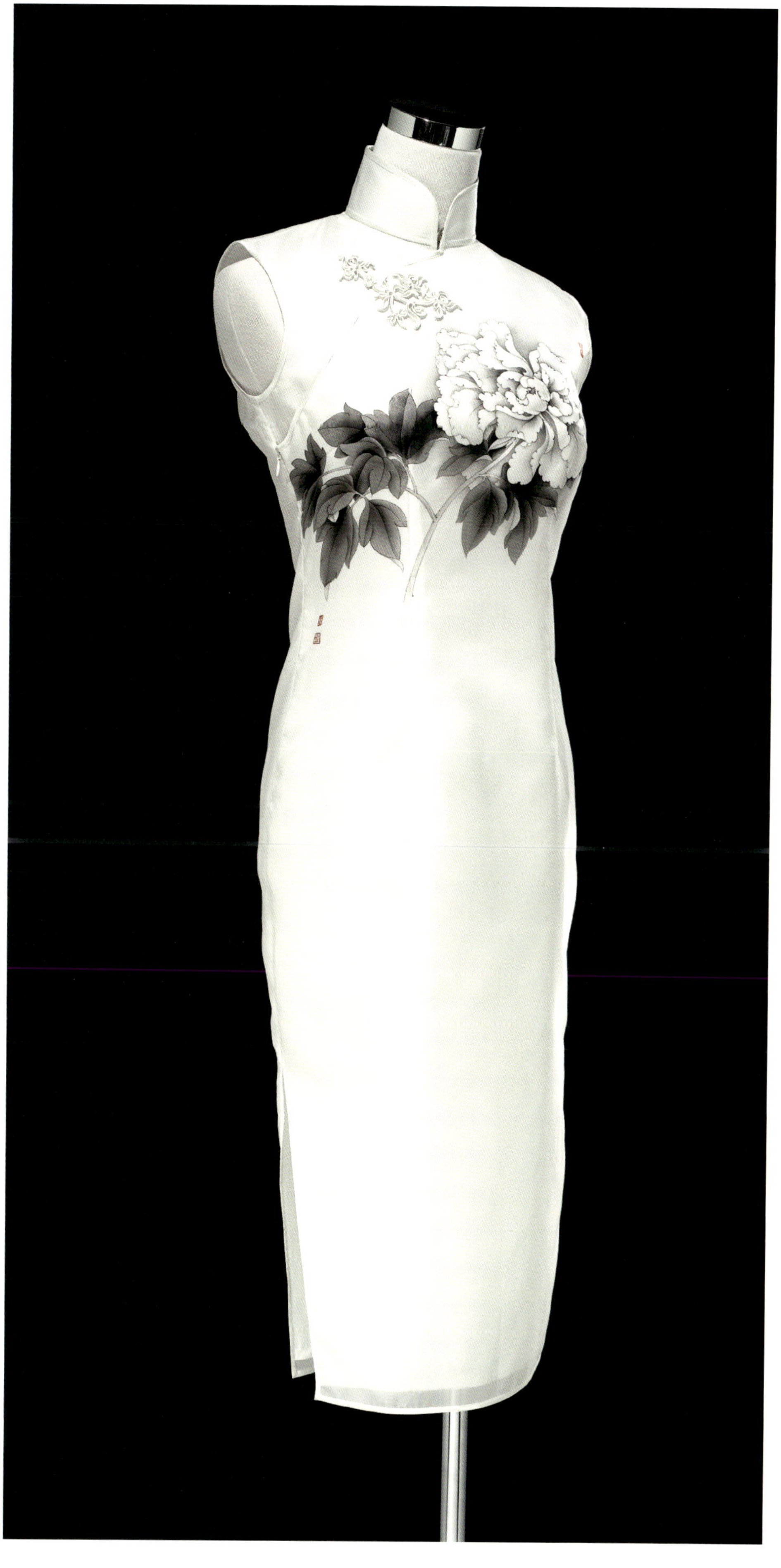

白牡丹 *2012*

绢本水墨旗袍

110cm × 40cm × 40cm

HANG 杭春晖 CHUNHUI

1976年 生于安徽
2005年 毕业于中央美术学院，获硕士学位
2011年 毕业于中国艺术研究院，获博士学位

2014年艺术活动

1月 水墨 · 笔墨—染社雅集第三回展览，映禾美术馆，南京
1月 工不可墨 · 中国工笔画邀请展，养墨堂，南京
1月 墨色千寻 · 2014 年芥墨艺术馆水墨推荐展，芥墨艺术馆，南京
3月 艺术家的理想·染社雅集第 4 回展览，今日美术馆，北京
3月 首届 70 后水墨大展，金陵美术馆，南京
4月 水墨异质 · 关于自由主义，绘通当代画廊，北京
4月 世说新语 · 水墨人物展，鼎峰空间，北京
5月 工笔新语 · 2014 新工笔画邀请展，江苏省美术馆，南京
5月 香港巴塞尔艺术博览会，尤伦斯艺术中心，香港
5月 新水活墨：一种关于水与墨的看法，香港海事博物馆，香港
5月 2013~2014 中国水墨双年展之流动的水墨，时代美术馆，北京
5月 2014 艺术北京博览会，全国农业展览馆，北京
6月 盛气青年 · 中国当代水墨邀请展，荣宝斋，北京
7月 来自水墨的新语境 · 寺上美术馆实验室计划，寺上美术馆，北京
7月 坚白同异：染舍雅集学术展，蜂巢当代艺术中心，北京
10月 中国当代青年水墨年鉴展 · 第二回，圣之空间，北京

白日梦之三 *2013*

纸本设色

85cm × 155cm

绘画雕塑－勇气 *2014*

纸本设色

88cm × 181cm × 2

假亦真－功夫（上） *2014*
纸本设色＋数码微喷
79cm×214cm

假亦真－角度（下） *2014*
纸本设色＋数码微喷
33.5cm×152cm

假亦真－惊 *2014*
纸本设色＋数码微喷
50cm × 128cm

假亦真－观自在 *2014*

纸本设色＋数码微喷

130cm × 130cm

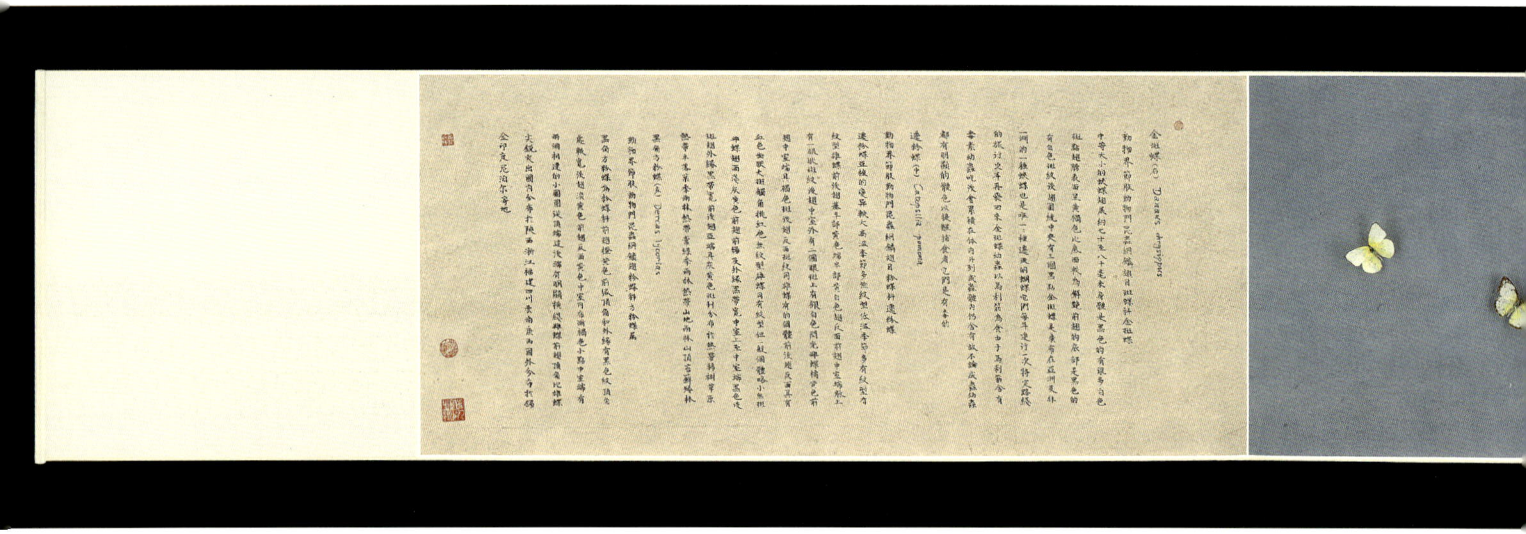

蝴蝶识别手册之四 *2014*
纸本绘画、蝴蝶标本
33cm × 199cm

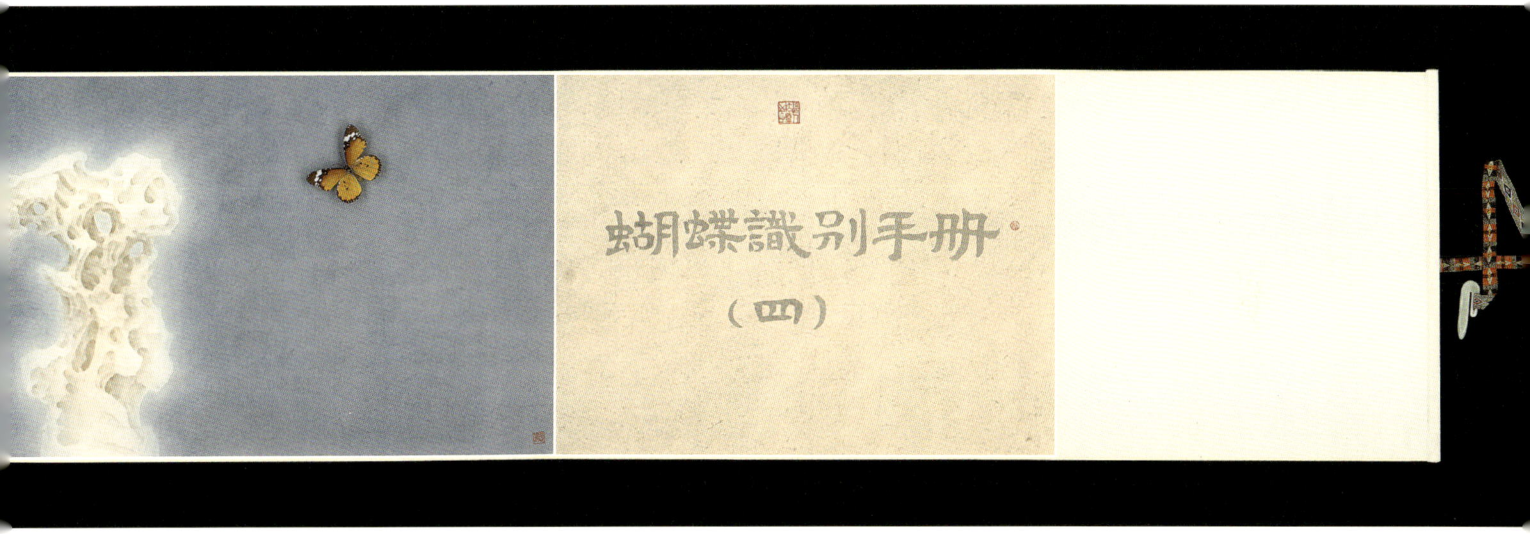
蝴蝶識别手册
（四）

HAO
郝量 LIANG

1983年 出生于四川成都
2006年 毕业于四川美术学院中国画系，获学士学位
2009年 毕业于四川美术学院中国画系，获硕士学位
现工作生活于北京

2014年艺术活动

3月 幽邃之地—郝量个展，蜂巢艺术中心，北京

白马非马 *2014*

绢本设色

40cm × 30cm

紫竹林中的苦竹 *2014*

绢本设色

49cm × 30cm

2014 —

猿啼生蕨 - 立春 *2013*
绢本设色
右 22cm × 17cm，左 9cm × 6.5cm

梨花压帽 - 春分 *2013*
绢本设色
右 22cm × 17cm，左 9cm × 6.5cm

2014 —

洛如花 - 立夏 *2013*
绢本设色
右 22cm × 17cm，左 9cm × 6.5cm

偃盖山 - 夏至 *2013*
绢本设色
右 22cm × 17cm，左 9cm × 6.5cm

山神报丰 - 立秋 *2013*

绢本设色

右 22cm × 17cm，左 9cm × 6.5cm

白羊妆点 - 秋分 *2013*

绢本设色

右 22cm × 17cm，左 9cm × 6.5cm

丽水囊 - 立冬 *2013*

绢本设色

右 22cm × 17cm，左 9cm × 6.5cm

为梅拆屋 - 冬至 *2013*

绢本设色

右 22cm × 17cm，左 9cm × 6.5cm

云记 *2013*
绢本设色
42cm × 1270cm

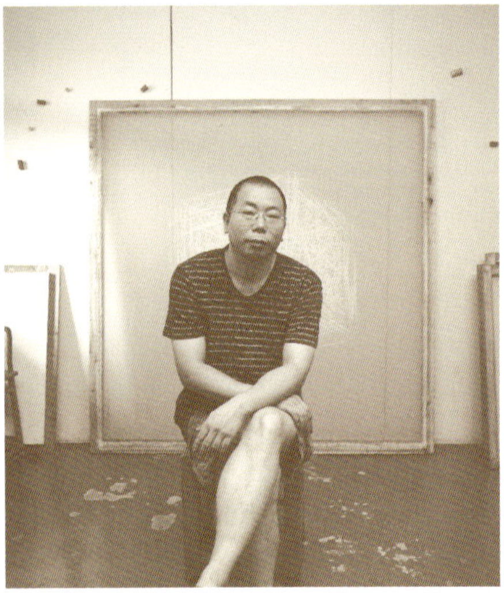

HAO
郝世明 SHIMING

1977年 生于山东菏泽
2000年 毕业于天津美术学院中国画系
2011年 于首都师范大学就读硕士研究生
现生活工作于北京、武汉

2014年艺术活动

3月 丹青楚韵 · 湖北省中国画作品展，中国美术馆，北京
3月 首届 70 后水墨大展，金陵美术馆，南京
4月 水墨异质 · 关于自由主义，绘通当代画廊，北京
5月 工笔新语 · 2014 新工笔画邀请展，江苏省美术馆，南京
5月 静置 · 中国当代艺术展，悉尼市政厅，悉尼，澳大利亚
5月 香港巴塞尔艺术博览会，尤伦斯艺术中心，香港
5月 关注的力量 · 青年水墨作品展，今日美术馆，北京
8月 水墨新精神 · 传统文化的当代裂变，石家庄美术馆，石家庄
9月 中国当代青年水墨年鉴展 · 第一回，圣之空间，北京
9月 2014 武汉第三届美术文献展：再现代，湖北美术馆，武汉

草木 201401 *2014*

绢本水墨

136cm × 136cm

草木 201402 *2014*

绢本水墨

136cm × 136cm

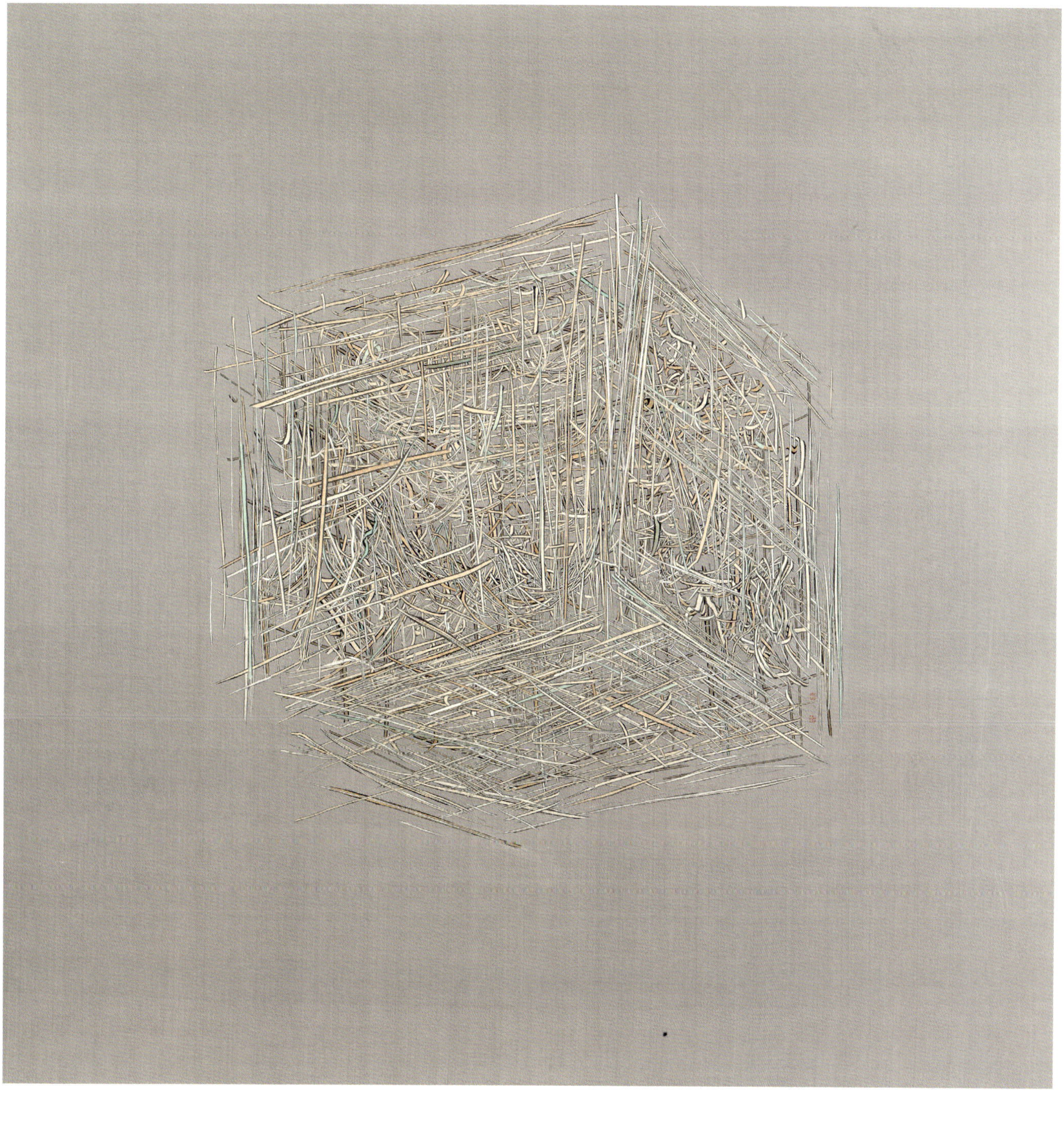

方体 201401 *2014*
绢本水墨
176cm × 176cm

草木 No.1 *2014*
绢本水墨
100cm × 30cm

草木 No.2 *2014*

绢本水墨

100cm × 30cm

花木 201401（上） *2014*
绢本水墨
45cm × 95cm

金碧 201402（下） *2014*
绢本水墨
45cm × 95cm

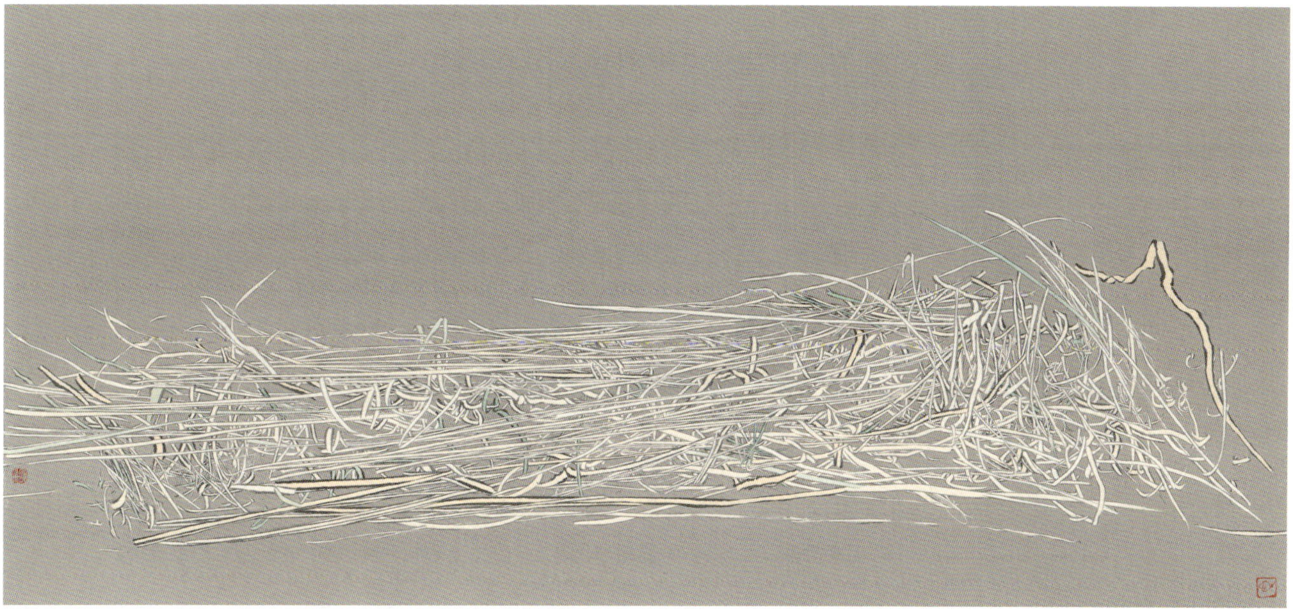

草木 201413 *2014*

绢本水墨

45cm × 95cm

JIANG
姜吉安 JI'AN

1992年 毕业于中央美术学院民间美术系，硕士学位
现生活工作于北京

2014年艺术活动

1月 工不可墨 · 中国工笔画邀请展，养墨堂，南京
3月 手工机器，季节画廊，北京
5月 工笔新语 · 2014 新工笔画邀请展，江苏省美术馆，南京
5月 2013~2014 中国水墨双年展之流动的水墨，时代美术馆，北京
5月 2014 艺术北京博览会，全国农业展览馆，北京
6月 默化墨 · 水墨邀请展，正和诚艺术空间，北京
7月 苏醒的中国直觉 · 第一回展，悦美术馆，北京
7月 无 · 空：当代艺术的一种思想维度，东京画廊 +BTAP，北京
9月 墨向 · 非常态—中国当代水墨邀请展，江苏省美术馆，南京
9月 博罗那上海当代艺术展，上海展览中心，上海
9月 中国当代青年水墨年鉴展 · 第一回，圣之空间，北京
10月 未来的回归 · 来自中国的当代艺术，美国密歇根州立大学布罗德美术馆，美国
10月 轻抽象的星丛，UCCA 当代艺术中心，北京 2014.10
11月 2014 巴黎水墨邀请展，巴黎蒙特勒国会宫，法国
11月 东方形而上 · 新视觉年度展，798 上舍艺术空间，北京
12月 托古改制 · 当代工笔画展，今日美术馆，北京
12月 黄锐、姜吉安、李洪波三个展，Magda Danysz 画廊，上海
12月 变异 · 中国当代水墨大展Ⅱ，蜂巢当代艺术中心，北京

日常时间的用法 *2014*
桌椅装置

日常时间的用法之一 *2014*
现成品绘画
13cm × 198cm

日常时间的用法之二 *2014*
现成品绘画
13cm × 198cm

夜听茶鼎煮东风 *2014*
现成品绘画
35cm × 100cm

夜听茶鼎煮东风（局部） *2014*

现成品绘画

35cm × 100cm

立轴 · 剩余物 *2013*

现成品绘画

210cm × 50cm

手卷 · 剩余物 *2013*

现成品绘画

50cm × 210cm

丝绢 · 残渣 *2014*
现成品绘画
46cm × 39cm

LI
李 戈晔 *GEYE*

1976年 生于江苏苏州
1999年 毕业于中国美术学院国画系，获学士学位
2007年 毕业于中央美术学院国画系，获硕士学位
现为中国美术家协会会员，中国艺术研究院博士在读，师从唐勇力先生

2014年艺术活动

2月 新水墨 · 新青年—新水墨青年艺术家作品展（第一回），六尘艺术馆，南京
3月 她 · 时代，时代美术馆，北京
4月 水墨异质 · 关于自由主义，绘通当代画廊，北京
10月 中国当代青年水墨年鉴展 · 第二回，圣之空间，北京

寂静的间歇 *2014*

纸本设色

97cm × 138cm

游离（组画） *2010*
纸本设色
200cm × 80cm × 9

距离 *2014*

纸本设色

36cm × 136cm

缠绵 *2014*

纸本设色

36cm × 136cm

幻象 *2014*

纸本设色

31cm × 75cm

微光 *2014*

纸本设色

217cm × 78cm

LI JUN
李军

1978年 生于山东
2008年 毕业于中央美术学院中国画系，获硕士学位
现为天津美术学院讲师，中国美术家协会会员

2014年艺术活动

3月 首届 70 后水墨大展，金陵美术馆，南京
4月 中国当代水墨状态·鸿蒙变—玉衡艺术中心开幕展，玉衡艺术中心，上海
5月 童年与远方 · 儿童艺术家 & 艺术家亲子邀请展，时代美术馆，北京
5月 关注的力量 · 青年水墨作品展，今日美术馆，北京
11月 中国当代青年水墨年鉴展 · 第三回，圣之空间，北京

Face to *2014*
纸本水墨
180cm × 180cm

兄弟 No.6 *2014*

纸本水墨

80cm × 215cm

兄弟 No.7 *2014*
纸本水墨
80cm×215cm

生如夏花 No.3 *2014*
纸本水墨
180cm × 97cm

生如夏花 No.4 *2014*

纸本水墨

180cm × 97cm

生如夏花 No.5 *2014*
纸本水墨
180cm × 97cm

生如夏花 No.6 *2014*
纸本水墨
180cm × 97cm

LI
李鹏 PENG

1980年 生于广东
2007年 毕业于中央美术学院中国画学院，获学士学位
2010年 毕业于中央美术学院中国画学院，获硕士学位
现生活工作于北京

2014年艺术活动

4月 玉兰汇 · 炎黄艺术馆春季水墨作品 · 第一回展，炎黄艺术馆，北京
10月 中国当代青年水墨年鉴展 · 第二回，圣之空间，北京

2014 –

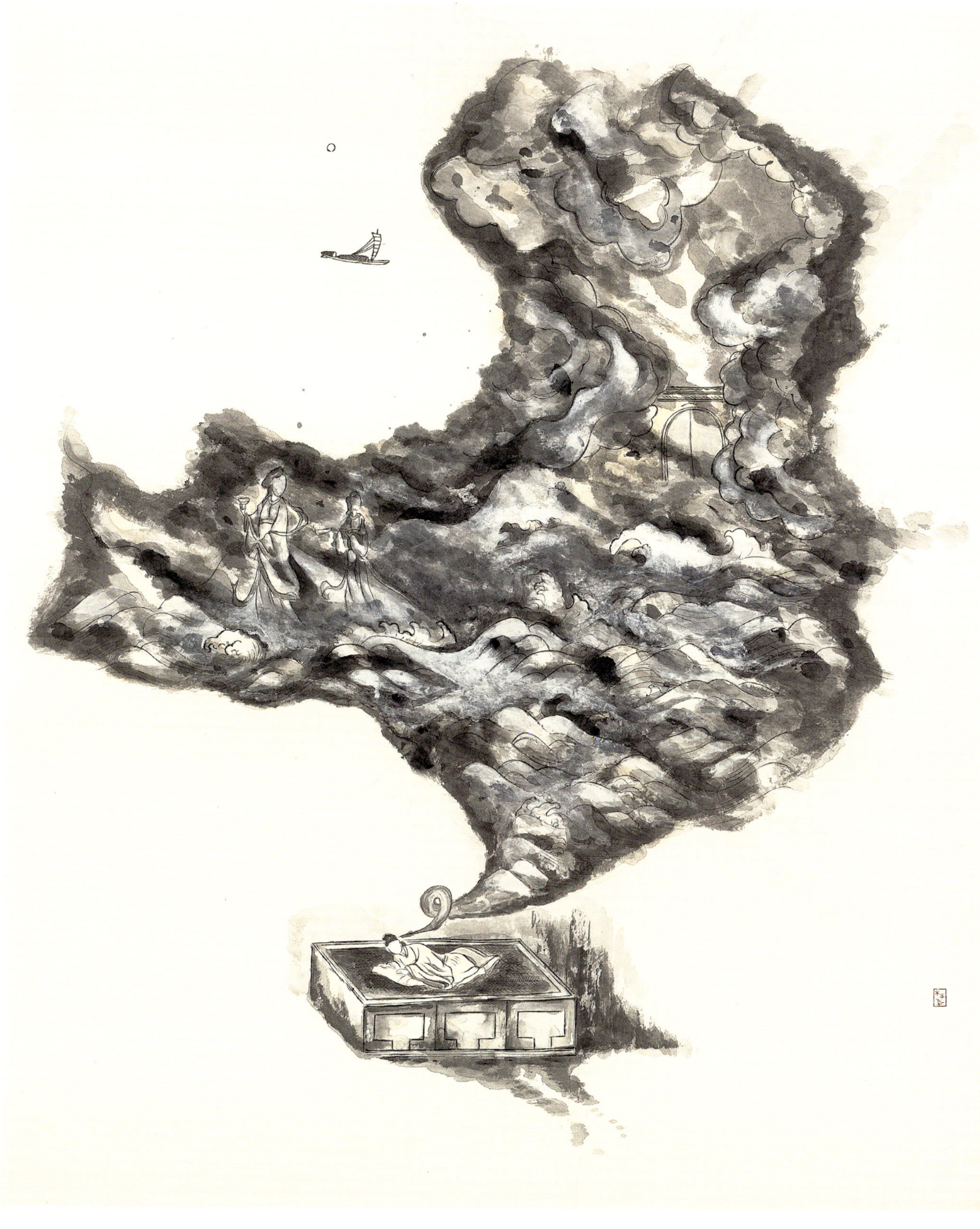

床 *2014*

纸本水墨丙烯

112cm × 96cm

火 *2014*

纸本水墨丙烯

245cm × 125cm

水 *2014*

纸本水墨丙烯

245cm × 125cm

桥 *2014*

纸本水墨丙烯

96cm × 180cm

楼 *2014*

纸本水墨丙烯

125cm × 245cm

屏风 *2014*
纸本水墨丙烯
134cm×68cm

舟 *2014*

纸本水墨丙烯

134cm×68cm

LI
李婷婷 TINGTING

1982年 生于山西
2007年 毕业于中国人民大学艺术学院，获硕士学位
现生活工作于北京

2014年艺术活动

3月 她 · 时代，时代美术馆，北京
3月 质—新水墨 · 切片系列展 · 第三回，新绎空间，北京
6月 默化墨 · 水墨邀请展，正和诚艺术空间，北京
6月 亚洲画廊艺术博览会，龙美术馆西岸馆，上海
9月 博罗那上海当代艺术展，上海展览中心，上海
11月 中国当代青年水墨年鉴展 · 第三回，圣之空间，北京
11月 上海廿一当代艺术博览会，上海当代艺术博览会，上海

大沙发 *2013*

纸本水墨

182cm × 194cm

沙发 No.3 *2013*
纸本水墨
97cm × 182cm

沙发 No.5 *2014*

纸本水墨

97cm × 182cm

2014 —

柜子 No.1 *2013*
纸本水墨
97cm × 113cm

椅子 *2014*
纸本水墨
127cm × 96cm

塔 No.1 *2013*
纸本水墨
47cm × 33.5cm

浴缸 No.3 *2014*
纸本水墨
97cm × 182cm

LIANG 梁嘉贤 JIAXIAN

1976年 生于香港
2000年 获得香港中文大学艺术方向文学学士学位
2007年 获得香港中文大学艺术系艺术创作硕士学位
现生活工作于香港

2014年艺术活动

10月 不诗意诗集，嘉图现代艺术，香港

在台上 *2013*

综合材料

207.5cm × 84cm × 3

橙色的橙（上）*2012*
综合材料
58cm × 77cm

你知道这边花开吗？（下）*2012*
综合材料
36cm × 81cm

雏菊问 *2012*

综合材料

82cm × 60cm

许愿池 *2011*

综合材料

123.5cm × 135.5cm

吻 *2010*

综合材料

95cm × 96cm

苦恼虎与聋耳鼠 *2010*

综合材料

31cm × 273cm

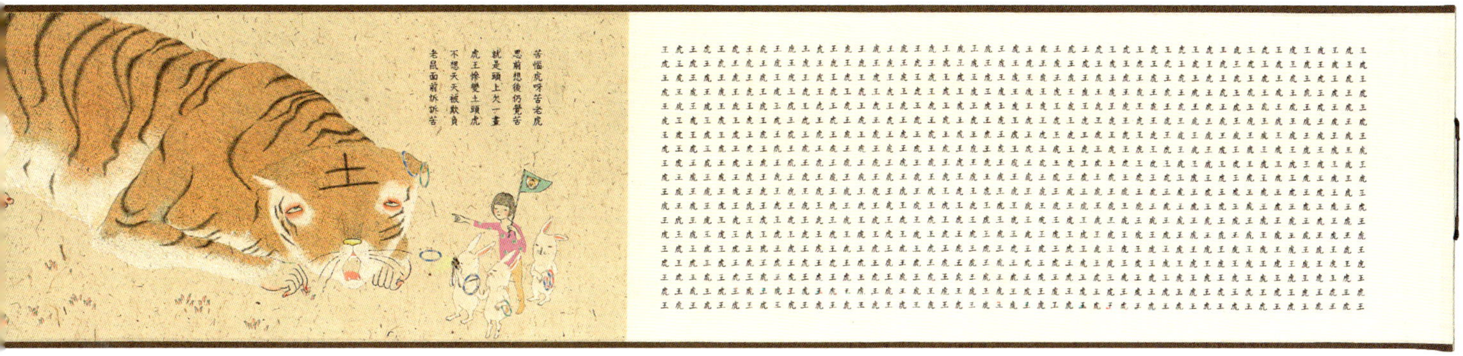

苦惱虎呀苦老虎
思前想後仍覺苦
就是頭上欠一畫
虎王慘變土頭虎
不想天天被欺負
老鼠面前訴訴苦

LIN
林雅涵 YAHAN

1988年 生于台中
2011年 获得台湾新竹教育大学艺术教育与创作硕士学位

2014年艺术活动

3月 2014 台南艺术博览会，大亿丽致酒店，台南
10月 2014 台北国际艺术博览会，台北

花开时节 VIII *2014*
水墨胶彩
30cm × 45cm

剪尘 VIII *2014*
水墨胶彩
40cm × 95cm

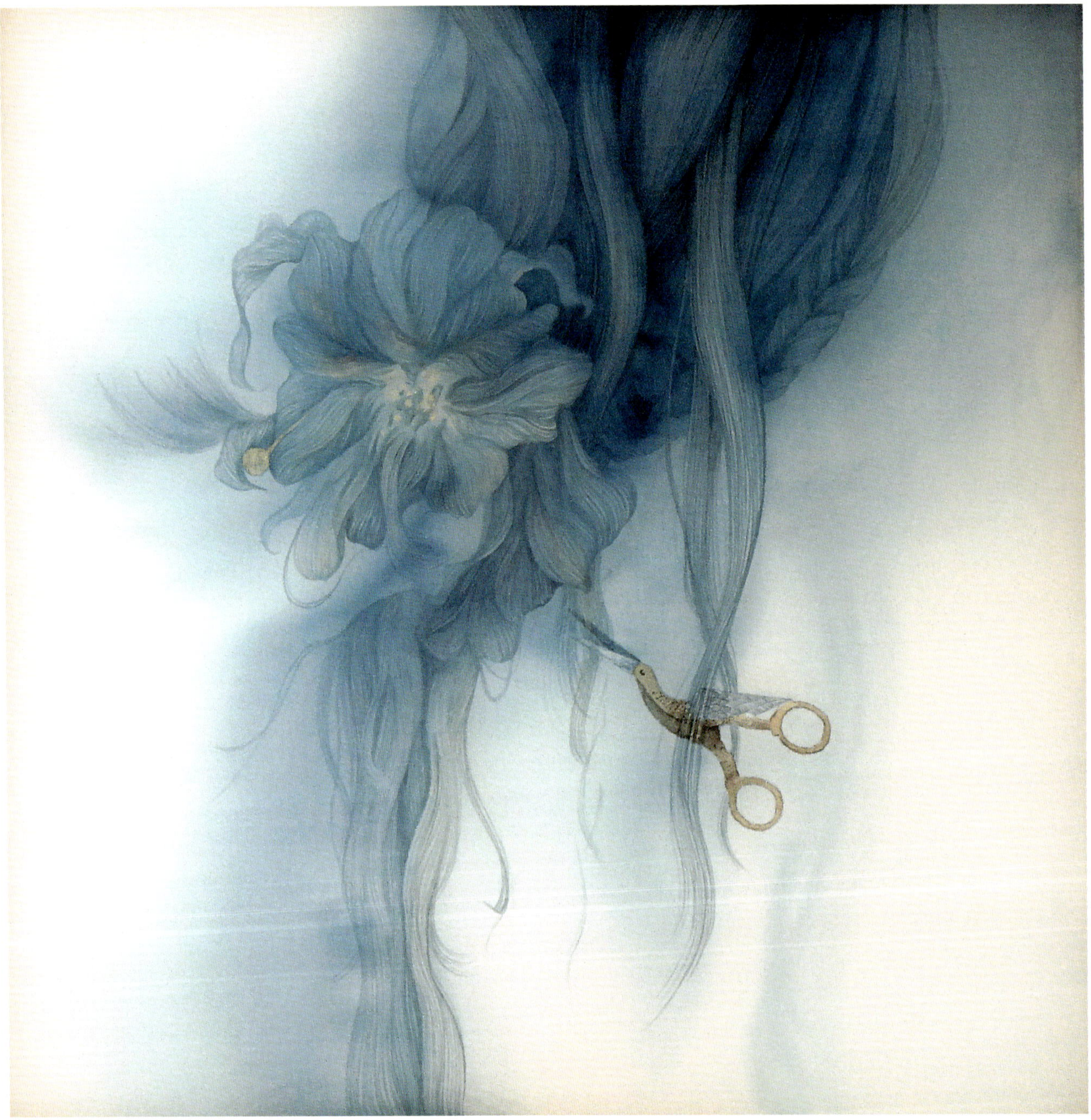

剪尘 V *2013*
水墨胶彩
45cm × 45cm

剪尘 VI *2013*

水墨胶彩

40cm × 87cm

心丝缱 X *2013*

水墨胶彩

100cm × 100cm

心丝缱 III *2012*

水墨胶彩

45cm × 45cm

LIU QI 刘琦

1979年 生于山东
2005年 毕业于山东艺术学院国画系，获文学硕士学位
现任教于山东艺术学院美术学院国画系意笔人物工作室

2014年艺术活动

3月 艺术家的理想 · 染社雅集第 4 回展览，今日美术馆，北京
4月 迁想 · 刘琦个人作品展，蜂巢当代艺术中心，北京
4月 世说新语 · 水墨人物展，鼎峰空间，北京
4月 中国当代水墨状态 · 鸿蒙变—玉衡艺术中心开幕展，玉衡艺术中心，上海
5月 春风纨扇 · 宫扇雅集，养墨堂美术馆，南京
5月 静置 · 中国当代艺术展，悉尼市政厅，悉尼，澳大利亚
5月 新水活墨：一种关于水与墨的看法，香港海事博物馆，香港
6月 现场 · 跨地域的水墨经验，喜马拉雅美术馆，上海
6月 双重视界 · 2014 意大利中国新水墨邀请展，美第奇宫，弗洛伦萨，意大利
7月 坚白同异：染舍雅集学术展，蜂巢当代艺术中心，北京
10月 中国当代青年水墨年鉴展 · 第二回，圣之空间，北京

佗 No.1 *2014*

纸本设色

47.5cm × 187cm

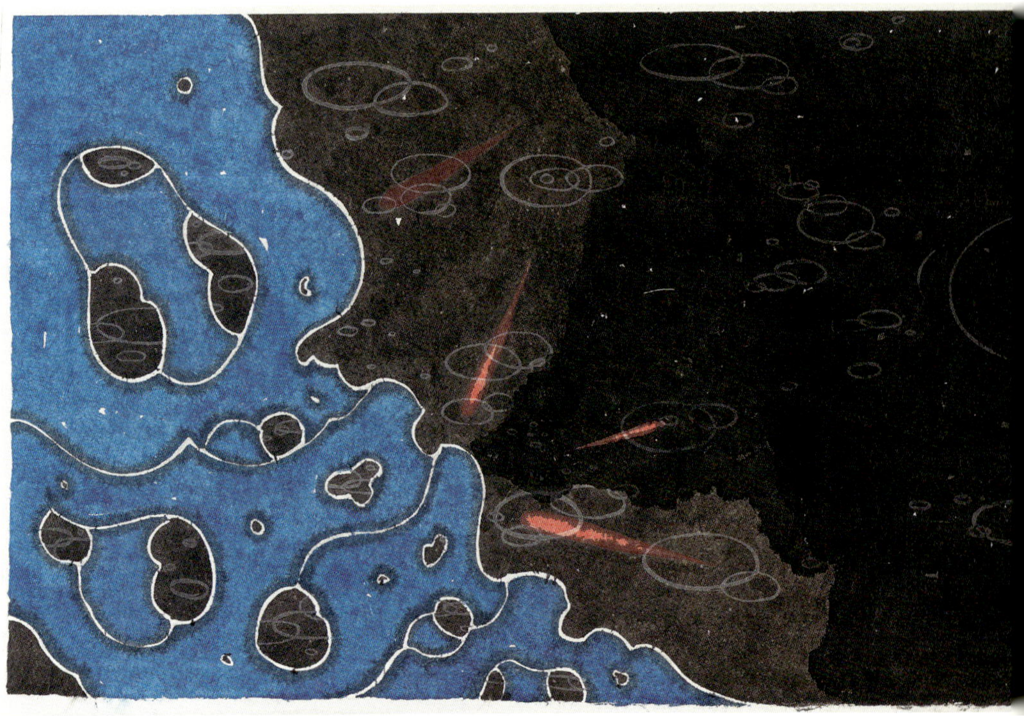

佗 No.3 *2014*

纸本设色

47.5cm × 187cm

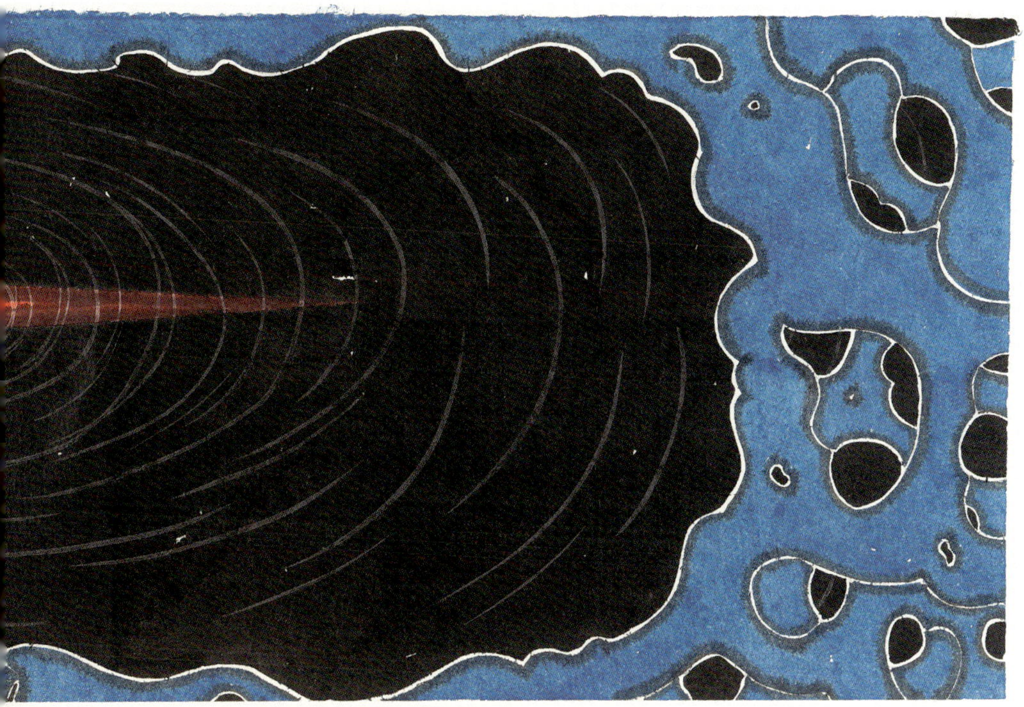

佗 No.2 *2014*
纸本设色
47.5cm × 187cm

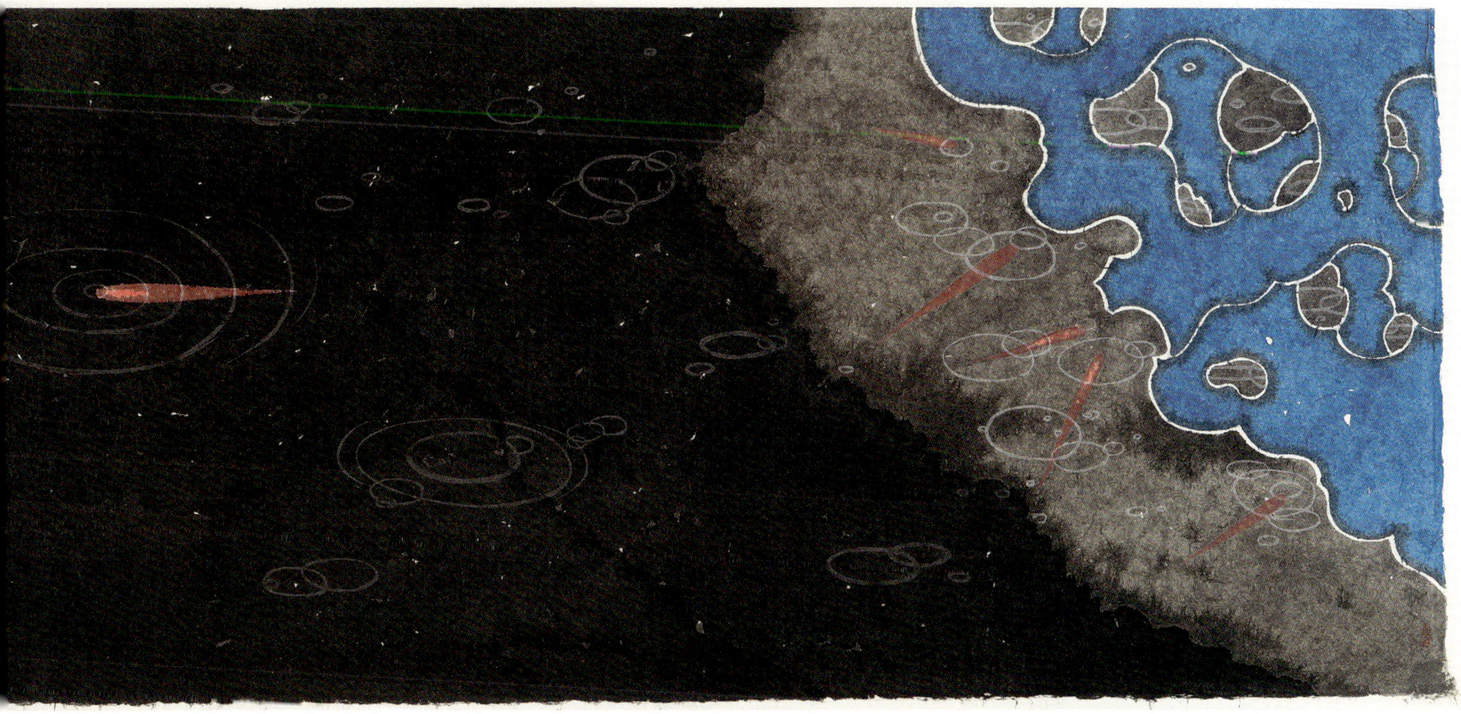

一期一会 *2014*
纸本设色
187cm × 97cm × 3

抱猫的男孩 *2014*
纸本设色
136cm × 68cm

红 *2014*

纸本设色

136cm × 68cm

惊悚小说 *2014*

纸本设色

180cm × 97cm

MA
马灵丽 LINGLI

1989年 出生于四川
2012年 毕业于四川美术学院国画系，获学士学位
现生活工作于北京

2014年艺术活动

4月 场域，LOFTOOO 艺术空间，上海
5月 2014 艺术北京博览会，全国农业展览馆，北京
6月 内外观照 · 完整的实验 · 第二回，圣点空间，北京
9月 中国当代青年水墨年鉴展 · 第一回，圣之空间艺术中心，北京

1415 *2014*

绢本绘画装置

左：15cm × 10.2cm，右：44cm × 32cm

2014 —

1965－1 *2014*

绢本设色

54cm × 39cm

1965－2 *2014*
绢本设色
70cm×44cm

宇宙 No.1 *2014*

绘画装置

86cm × 83cm × 16cm, 86cm × 83cm

1921－2 *2014*

绢本绘画装置

60cm×41.5cm

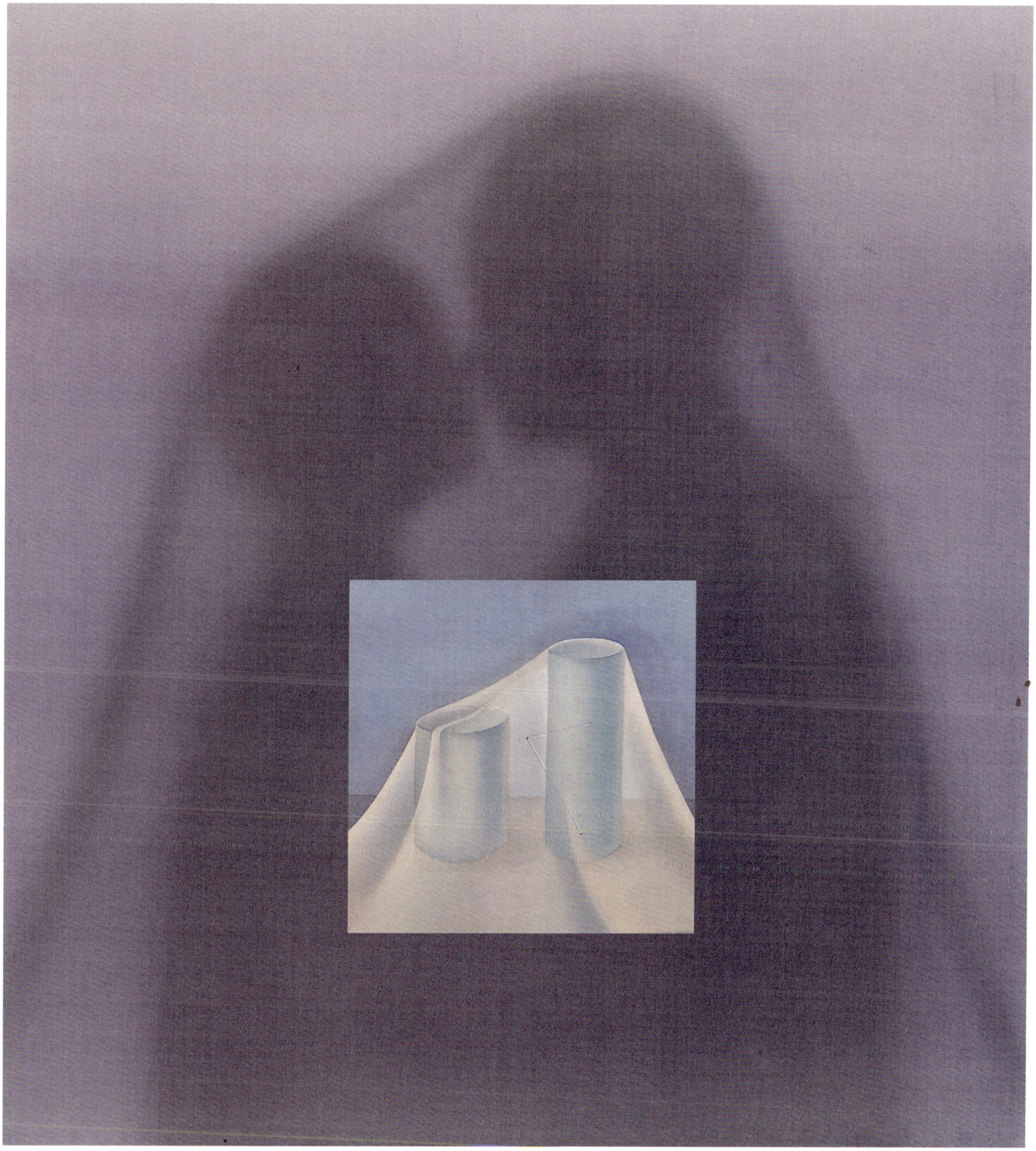

1928 *2014*

绢本绘画装置

小：19.3cm × 19.3cm，大：84cm × 77cm

PAN
潘汶汛 *WENXUN*

1976年 生于浙江
2010年 获中国美术学院国画博士学位
现任教于中国美术学院国画系

2014年艺术活动

3月 中国美术学院中国画系教师写生作品展，中国美术学院美术馆，杭州
3月 首届 70 后水墨大展，金陵美术馆，南京
5月 新水活墨：一种关于水与墨的看法，香港海事博物馆，香港
6月 双重视界 · 2014 意大利中国新水墨邀请展，美第奇宫，佛罗伦萨，意大利
9月 水墨画皮：五位水墨女画家展，蜂巢当代艺术中心，北京
11月 中国当代青年水墨年鉴展 · 第三回，圣之空间，北京

婴 *2014*
纸本设色
90cm × 95cm

采绿系列之风月之间 *2014*
纸本设色
140cm × 75cm

采绿系列之灼灼其华 *2014*

纸本设色

140cm×75cm

童与仙鹤 *2014*

纸本设色

81cm × 78cm

小宝 *2014*

纸本设色

66cm×56cm

坐看与鹿 *2013*

纸本设色

142cm × 75cm

玩木偶鸟的小童 *2013*

纸本设色

122cm × 59cm

PENG JIAN
彭剑

1982年 生于湖南
2013年 毕业于中国美术学院国画系，获硕士学位

2014年艺术活动

2月 春天来了，三尚当代艺术馆，杭州
5月 静置 · 中国当代艺术展，悉尼市政厅，悉尼，澳大利亚
5月 新水活墨：一种关于水与墨的看法，香港海事博物馆，香港
9月 彭剑：规间局，蜂巢当代艺术中心，北京
11月 中国当代青年水墨年鉴展 · 第三回，圣之空间，北京

平衡 *2014*

纸本设色

46.5cm × 39cm

七个掉落的色块 *2014*

纸本设色

129cm × 100cm

峦嶂 *2014*

纸本设色

135cm × 115cm

置序（左联）*2014*

纸本设色

97.5cm × 87.5cm

置序（右联） *2014*

纸本设色

97.5cm×87.5cm

空房间 *2013*

纸本设色

158cm × 152cm

隔 *2013*

纸本设色

104cm × 94cm

PENG

彭薇 *WEI*

1974年 出生
哲学硕士
现工作生活于北京

2014年艺术活动

10月 遥远的信件 · 彭薇个展，耿画廊，台北
11月中国当代青年水墨年鉴展 · 第三回，圣之空间，北京
11月 2014 亚太酿酒基金会（APBF）特出艺术奖，新加坡美术馆，新加坡

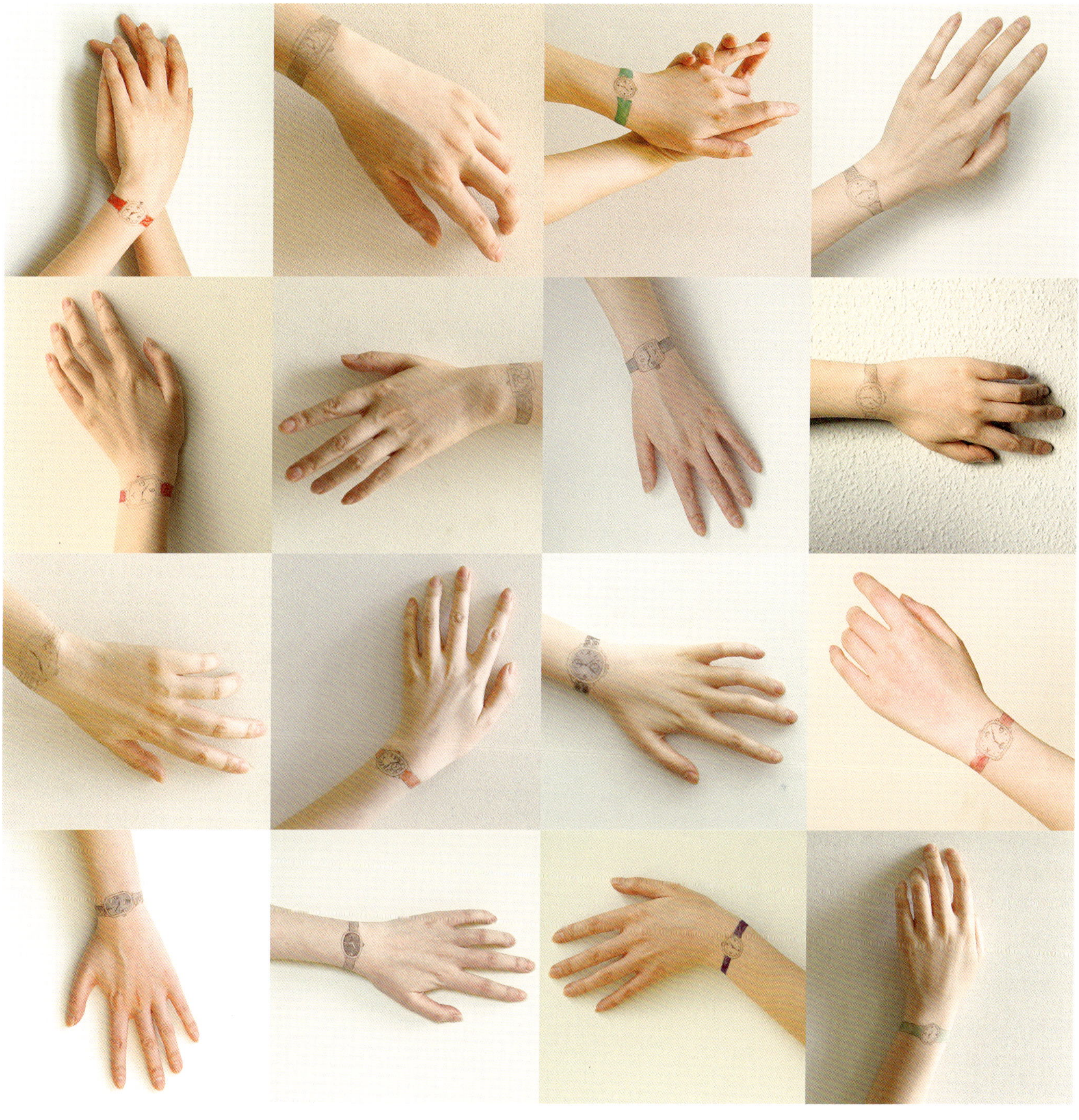

彼时彼地 *2001*

照片、录像

15cm × 15cm × 81

日夜不散 *2014*
纸本水墨
406cm × 30cm

遥远的信件 *2014*

绘画装置

尺寸可变

冬之琴韵（上） *2014*
纸本水墨
27cm × 240cm

独奏图（下） *2014*
纸本水墨
30cm × 142cm

十分冷淡存知己一曲微茫度此生
獨奏圖彭薇癸巳末畫

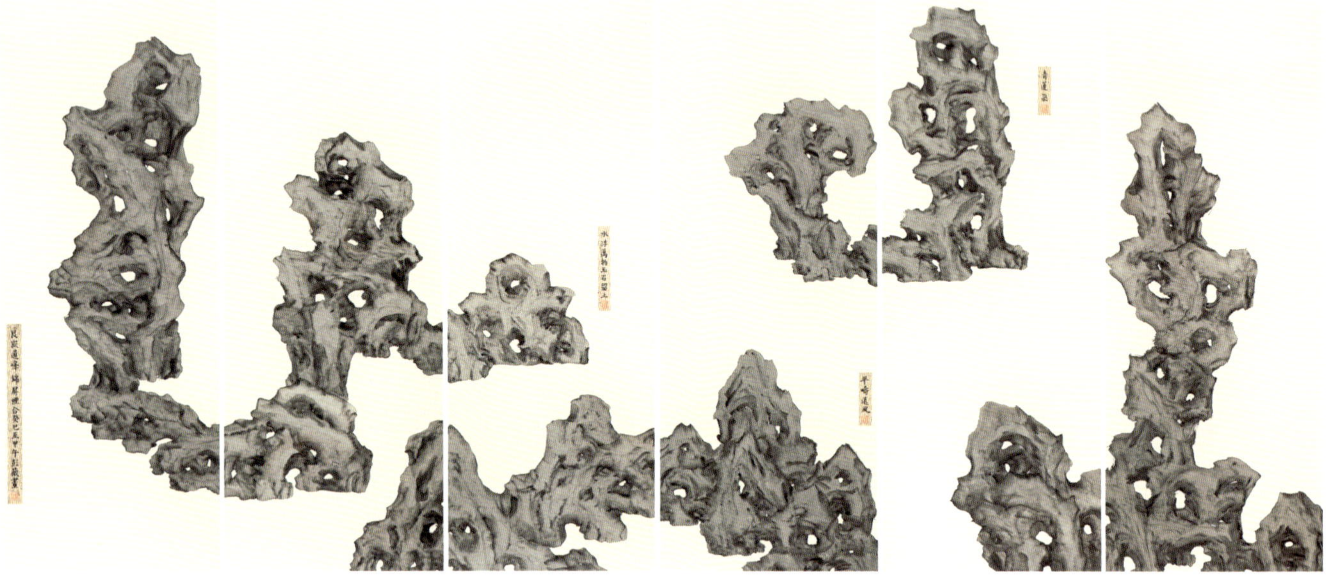

2014 —

艮岳遗峰锦屏烟合场景图

艮岳遗峰锦屏烟合 *2014*

纸本水墨

180cm × 70cm × 6

扇缘（左） *2014*
物品、绘画装置
23.8cm × 37.5cm

扇缘（右） *2014*
物品、绘画装置
23.8cm × 37.5cm

QIN
秦艾 *AI*

1973年 生于江苏南通
1996年 毕业于南京艺术学院美术系中国画专业
现生活工作于南京

2014年艺术活动

5月 工笔新语 · 2014 新工笔画邀请展，江苏省美术馆，南京
5月 2014 艺术北京博览会，全国农业展览馆，北京
9月 中国当代青年水墨年鉴展 · 第一回，圣之空间，北京

间隔 *2014*

纸本设色

92cm × 180cm

迷宫的入口 *2014*
纸本设色
118cm × 235cm

飞鸿之城 *2014*

纸本设色

188cm × 117.5cm

2014 —

林中记 *2014*

纸本设色

86.5cm × 136cm

如此近如此远 *2013*

纸本设色

90cm × 172cm

叙别梦 *2013*
纸本设色
91cm × 168cm

相邀之二 *2013*
纸本设色
120cm × 52.5cm

QIN
秦修平 XIUPING

1973年 生于山东招远
1995年 毕业于烟台师范学院美术系
2007年 毕业于南京艺术学院，获硕士学位并留校任教
2013年 南京艺术学院博士研究生毕业，获艺术学博士学位，
师从周京新教授

2014年艺术活动

5月 新水活墨：一种关于水与墨的看法，香港海事博物馆，香港
5月 水墨彼此 · 两岸艺术家学术交流展，南京艺术学院美术馆，南京
5月 节点 · 2014明圆水墨艺术年度邀请展，明圆美术馆，上海
7月 坚白同异：柒舍雅集学术展，蜂巢当代艺术中心，北京
9月 中国当代青年水墨年鉴展 · 第一回，圣之空间，北京

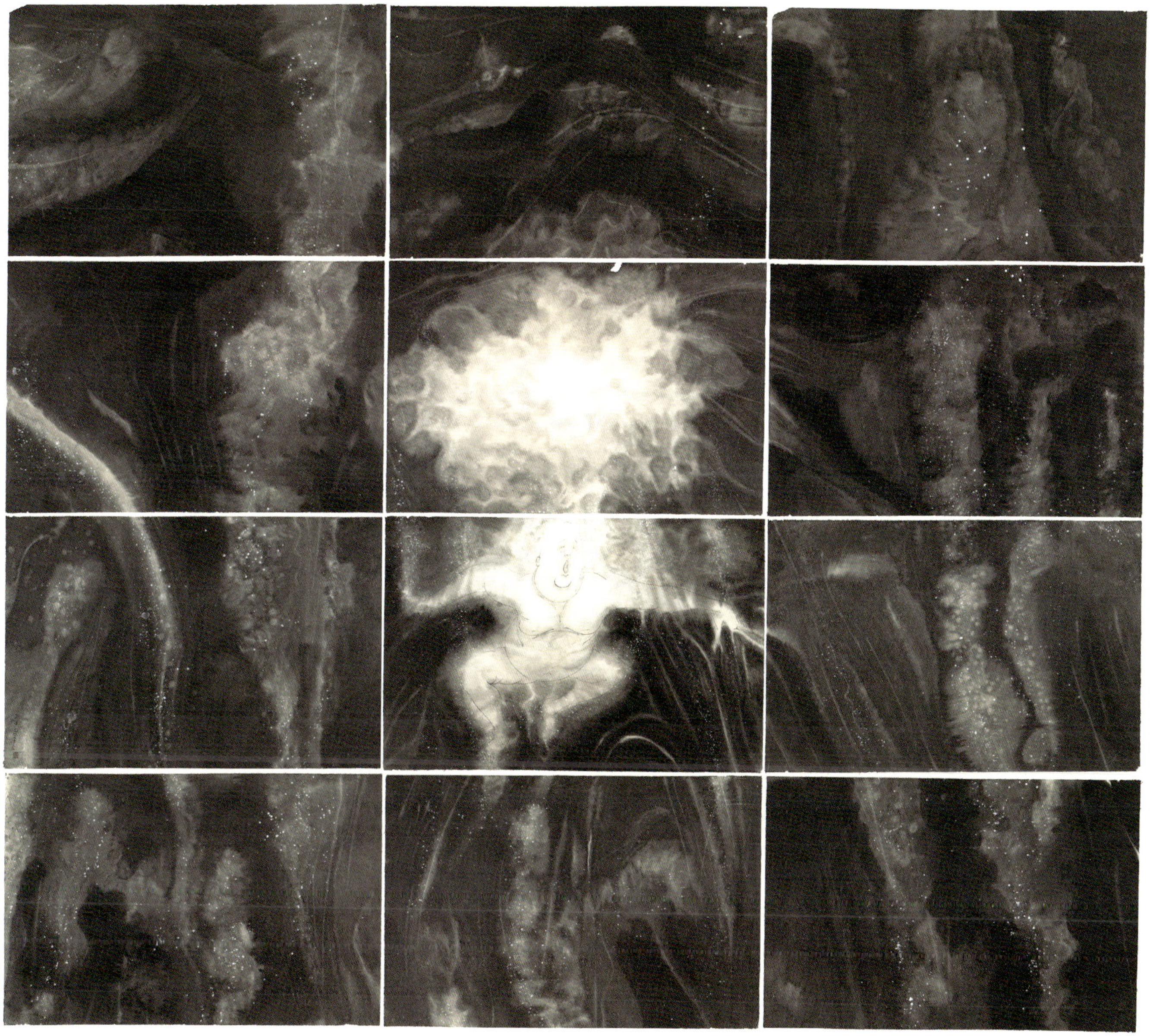

溺 *2014*
纸本水墨
196cm × 225cm

溺 No.2 *2014*
纸本水墨
75cm × 49cm

溺 No.3 *2014*

纸本水墨

75cm × 49cm

溺 No.5 *2014*
纸本水墨
48cm × 71cm

造型练习 *2014*

纸本水墨

37cm × 71cm

坠 No.1 *2014*
纸本水墨
185cm × 185cm

坠 No.2 *2014*

纸本水墨

160cm × 160cm

SU
苏煌盛 HUANGSHENG

1987年 生于台湾桃园
2011年 就读于台北艺术大学美术创作研究所
现工作生活于台北

2014年艺术活动

3月 变异与再生，大象艺术空间馆，台中
10月 新 · 岛屿全览—台湾当代水墨，乙皮画廊，花莲

浴身 *2013*

纸本设色

140cm×40cm

硫磺谷 *2013*

纸本设色

27cm × 540cm

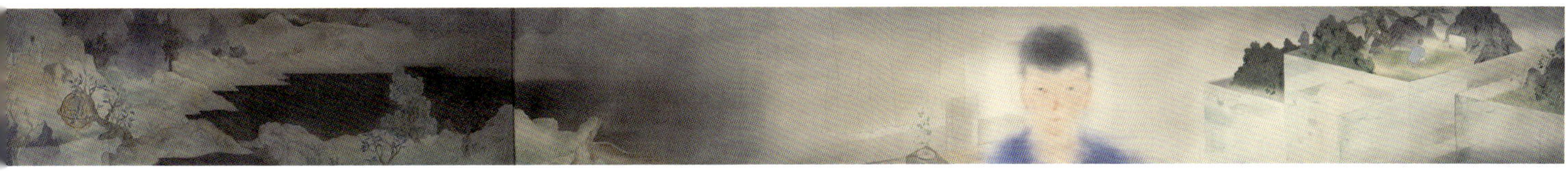

风景 *2013*
绢本设色
22cm × 39cm

下雨 *2013*
绢本设色
39cm × 22cm

幽暗的小径 *2012*
纸本设色
140cm × 80cm

SUN HAO
孙浩

1980年 生于山东
2005年 毕业于中央美术学院中国画系材料与表现工作室，获硕士学位
现就职于北京印刷学院设计艺术学院实验艺术专业

2014年艺术活动

5月 关注的力量 · 青年水墨作品展，今日美术馆，北京
7月 来自水墨的新语境 · 寺上美术馆实验室计划，寺上美术馆，北京
7月 坚白同异：柒舍雅集学术展，蜂巢当代艺术中心，北京
10月 中国当代青年水墨年鉴展 · 第二回，圣之空间，北京

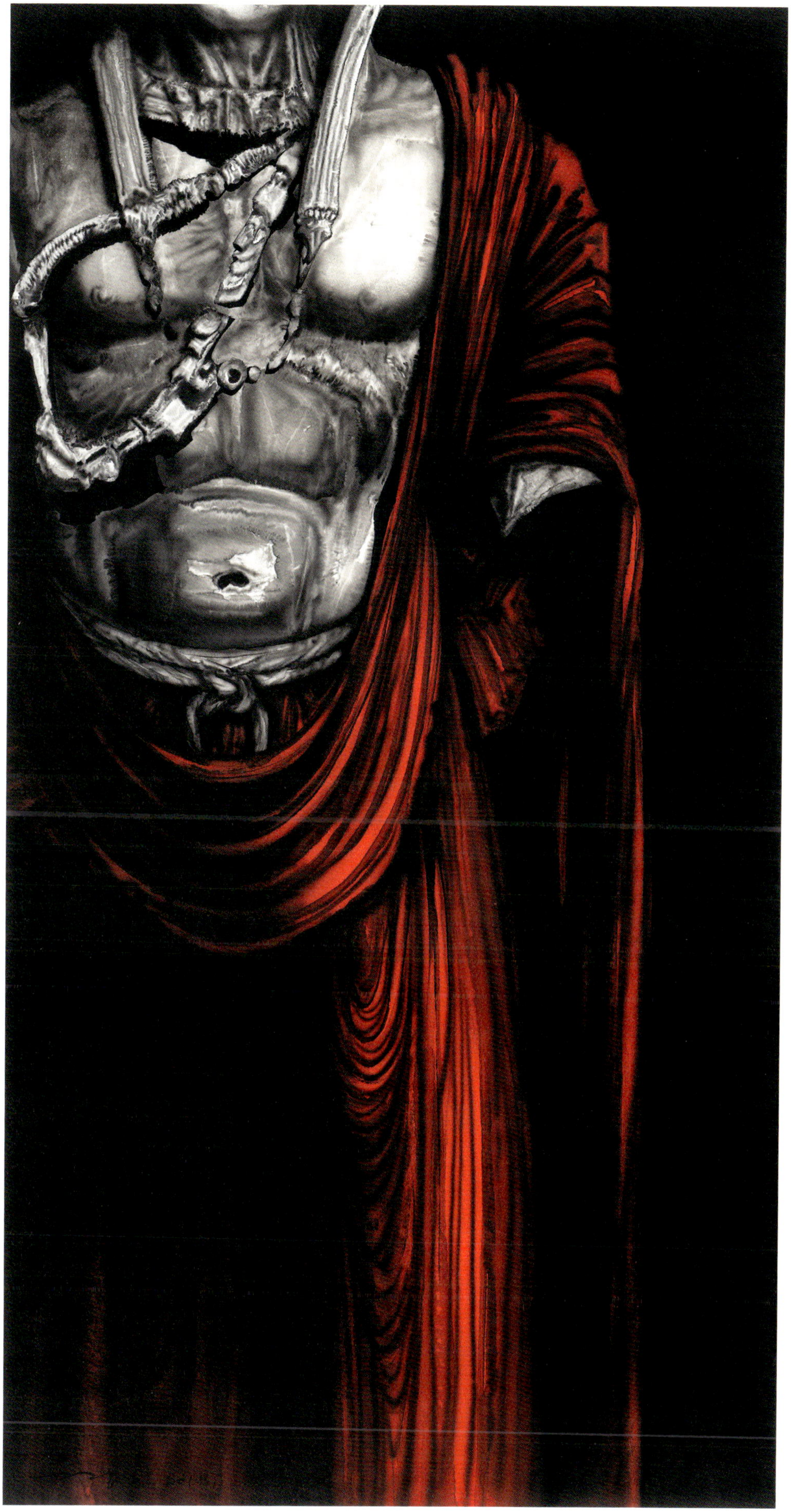

无相 *2014*
纸本水墨
180cm × 97cm

英雄曲 *2014*

纸本水墨

150cm × 400cm

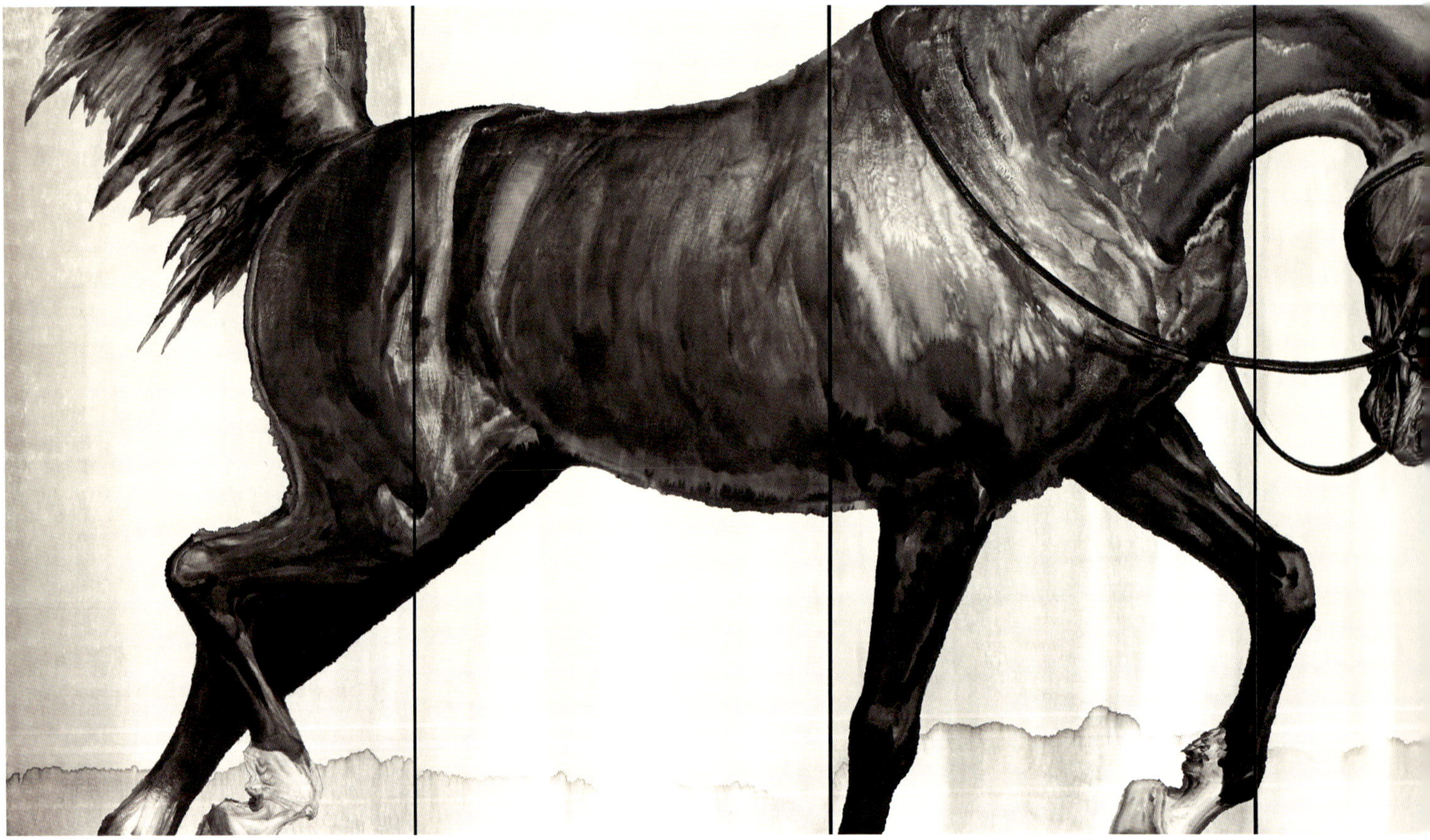

夜奔 *2014*

综合材料

200cm × 700cm

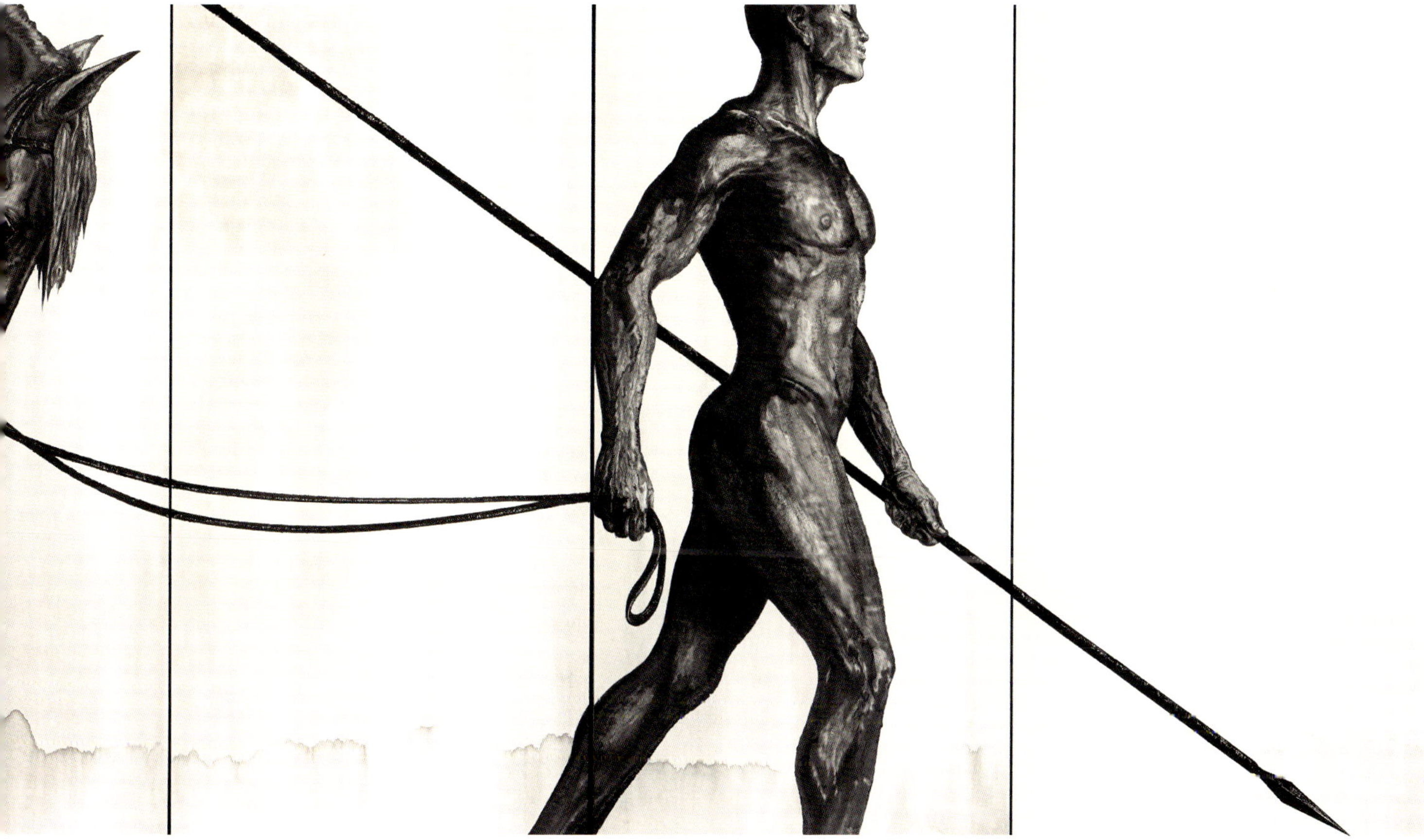

庄周之马之二 *2014*
纸本水墨
180cm × 97cm

迷雾 *2014*

纸本水墨

180cm × 97cm

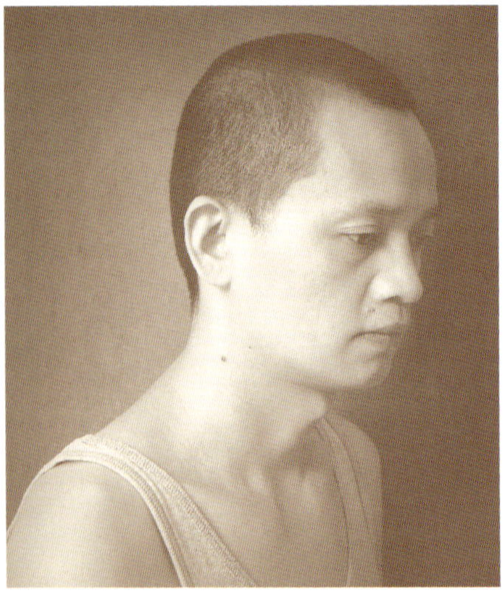

TAN
谭军 JUN

1973年 生于湖南湘潭
2005年 毕业于中央美术学院，获硕士学位
现生活工作于北京

2014年艺术活动

3月 艺术家的理想—柒社雅集 · 第 4 回，今日美术馆，北京
4月 谭军 · 浮生叶子，亦安画廊，北京
7月 坚白同异：柒舍雅集学术展，蜂巢当代艺术中心，北京
10月 中国当代青年水墨年鉴展 · 第二回，圣之空间，北京

别处 No.5 *2014*

布面拼贴

70cm × 100cm

别处 No.6 *2014*
布面拼贴
70cm × 100cm

别处 No.7 *2014*
布面拼贴
70cm × 100cm

别处 No.3 *2014*
布面拼贴
100cm × 70cm

相望 No.1 *2014*
纸上综合材料
145cm × 76cm

寂 No.3 *2014*
布面拼贴
180cm × 200cm

寂 No.4 *2014*
布面拼贴
180cm × 200cm

TANG
唐重 *CHONG*

1977年 出生
1991年 修读现代绘画于澳门视觉艺术学院
现就职于澳门艺术博物馆

2014年艺术活动

2月 狂热 · 澳门当代艺术作品展，东方博物馆，里斯本，葡萄牙
6月 三十而立 · 全澳书画联展最佳创作艺术家邀请作品展，卢廉若公园一春草堂，澳门

游乐系列之四 *2014*
综合材料
92cm × 72cm

游乐系列之五 *2014*
综合材料
92cm × 72cm

游乐系列之六 *2014*

综合材料

92cm × 72cm

娱人系列之七 *2014*

综合材料

92cm × 72cm

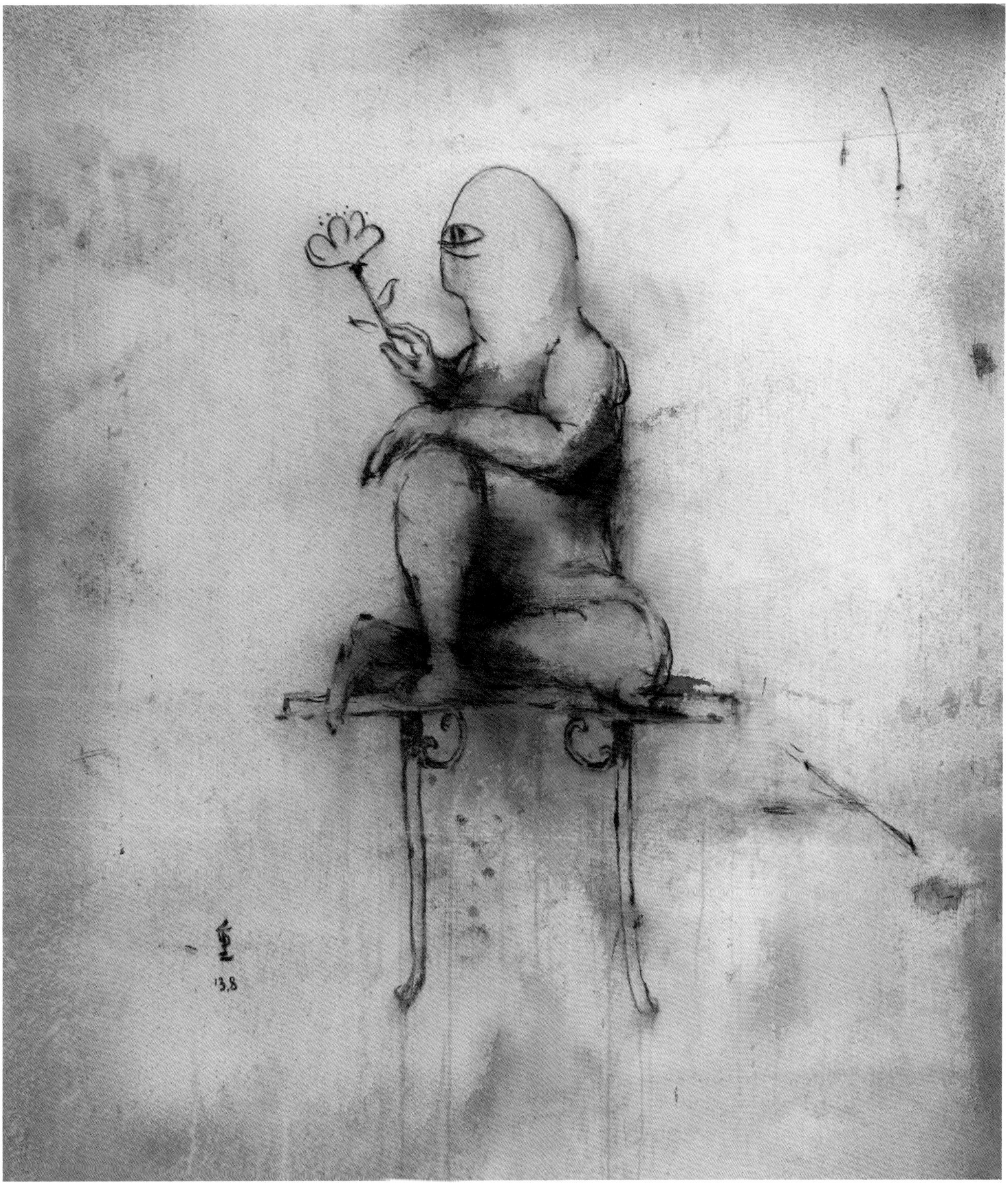

赏花之二 *2013*

综合材料

85cm × 74.5cm

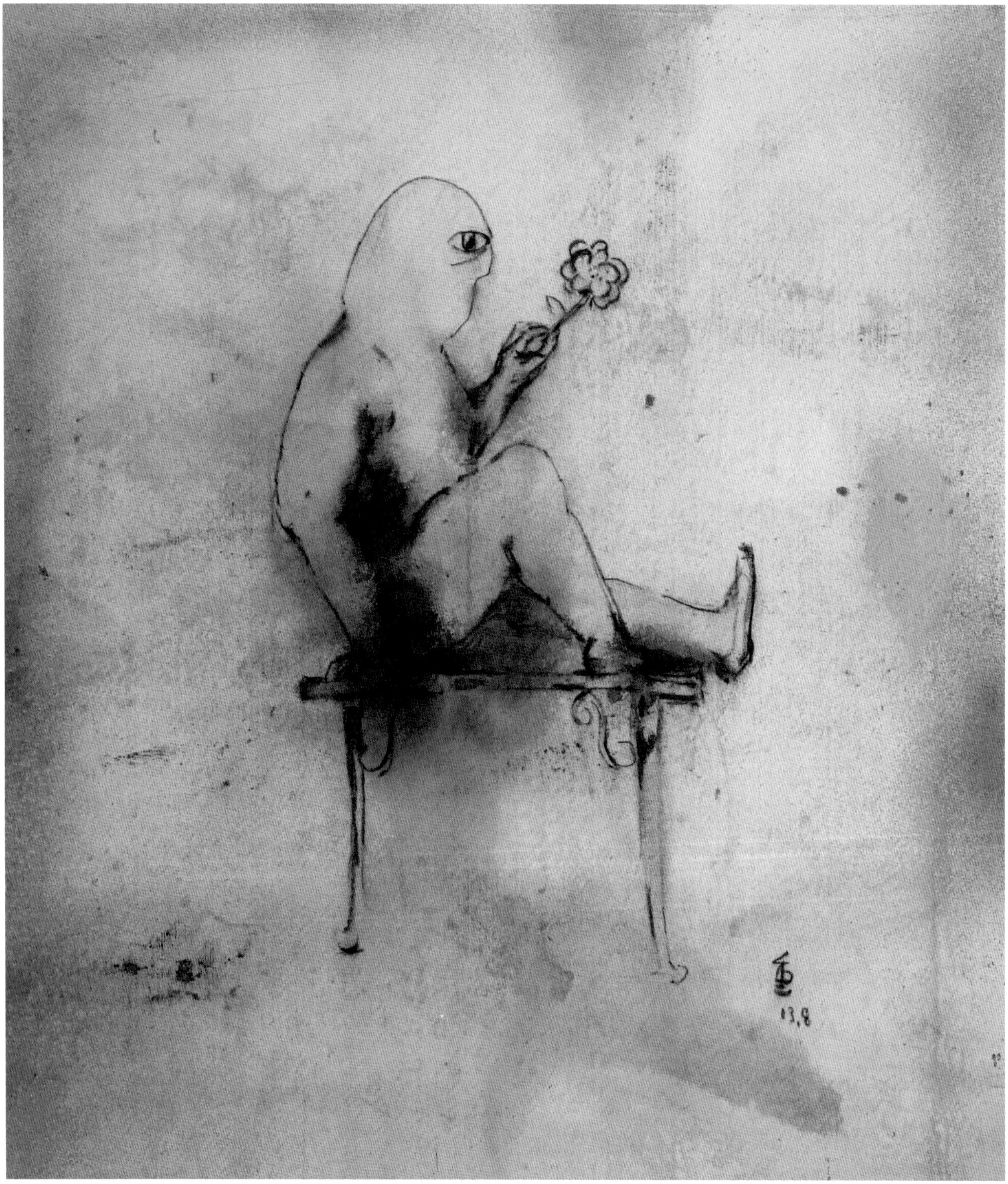

赏花之一 *2013*

综合材料

85cm × 74.5cm

鸟巢 *2012*
综合材料
108cm × 66cm

WU
吴尚邕 *SHANGYONG*

1988年 生于台北
2006年 就读于台湾艺术大学书画艺术学系
2009年 作为交换生于日本筑波大学日本画科学习
2011年 毕业于台湾艺术大学书画艺术学系，获学士学位

2014年艺术活动

4月 蹦（born）of 台湾大书画 & 爱知艺大日本画交流展，台湾艺术大学，台北
4月 台北国际当代艺术博览会，晶华酒店，台北
5月 亚洲当代艺术展，港丽酒店，香港
10月 2014 台北国际艺术博览会，世界贸易中心展览大楼一馆，台北
11月 交织着，以某种距离 · 2014 吴尚邕创作个展，朝代画廊，台北

交织着，以某种距离（一）*2013*
综合材料
62cm × 62cm

交织着，以某种距离（二）*2013*
综合材料
72.5cm × 91cm

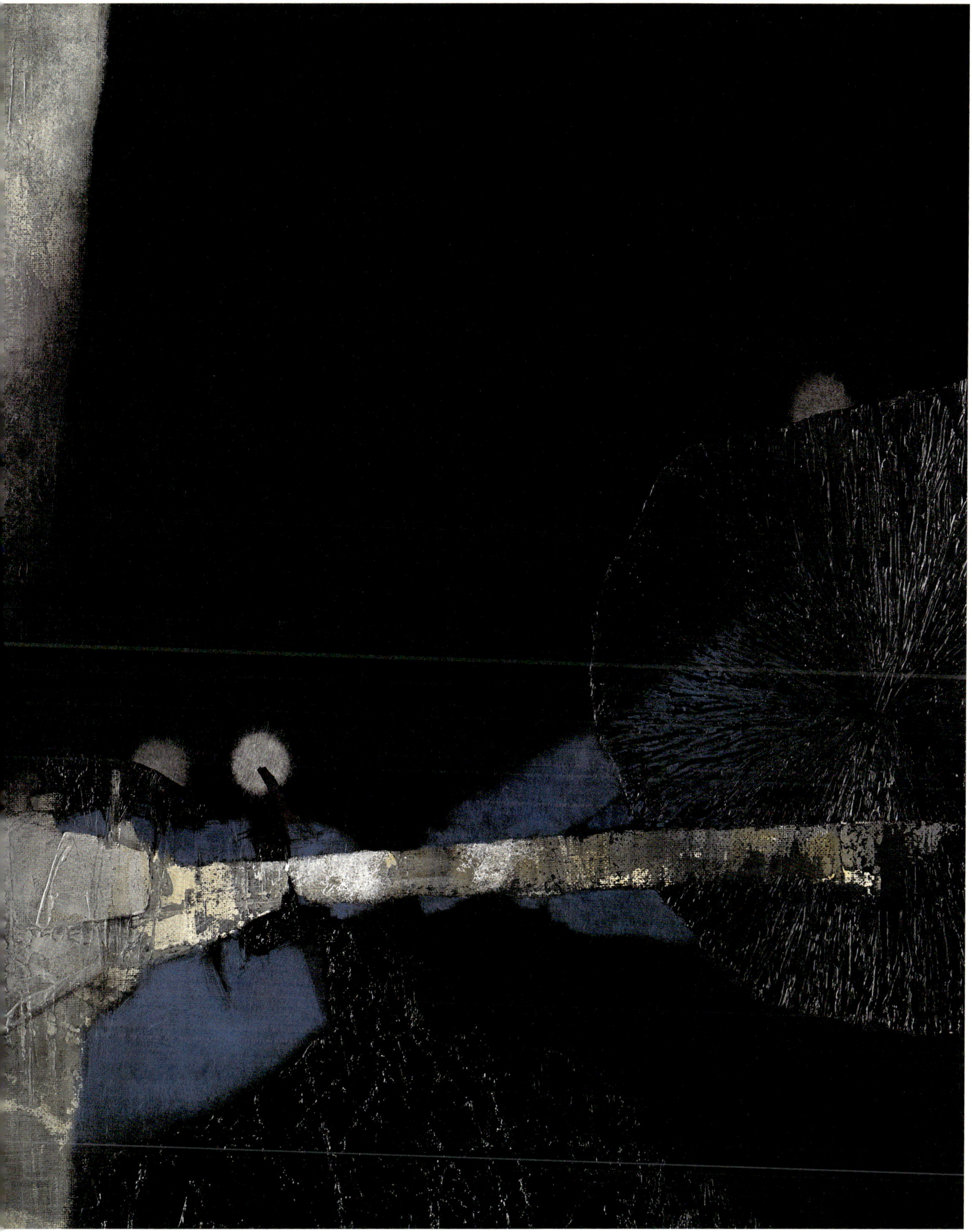

交织着，以某种距离（四） *2013*

综合材料

100cm × 100cm

蔓 · 漫 *2013*
综合材料
42cm×27cm

我已预见那辽阔 · 无限 *2012*

综合材料

100cm × 61cm

WU
吴少英 SHAOYING

生于澳门
1997年 开始生活于台湾
2008年 开始生活工作于北京

2014年艺术活动

2月 现当代中国艺术，保利 · 半山半岛艺术品迎春拍卖会，三亚
3月 巴黎艺术博览会，巴黎大皇宫，巴黎，法国
4月 艺术沙龙，上海凯世精品酒店，上海
5月 吴少英作品个展，澳门教科文中心展览厅，澳门
5月 2014 艺术北京博览会，全国农业展览馆，北京
8月 玩 · 风景澳门当代艺术多媒体剧场，英国爱丁堡艺术节，爱丁堡，英国
9月 中国当代青年水墨年鉴展 · 第一回，圣之空间，北京
9月 2014 武汉第三届美术文献展：再现代，湖北美术馆，武汉

墨 19 2013
纸本水墨丙烯
直径 120cm

墨 7483 *2013*
布面水墨
65cm × 180cm

墨 7534 *2014*

布面水墨

150cm × 150cm

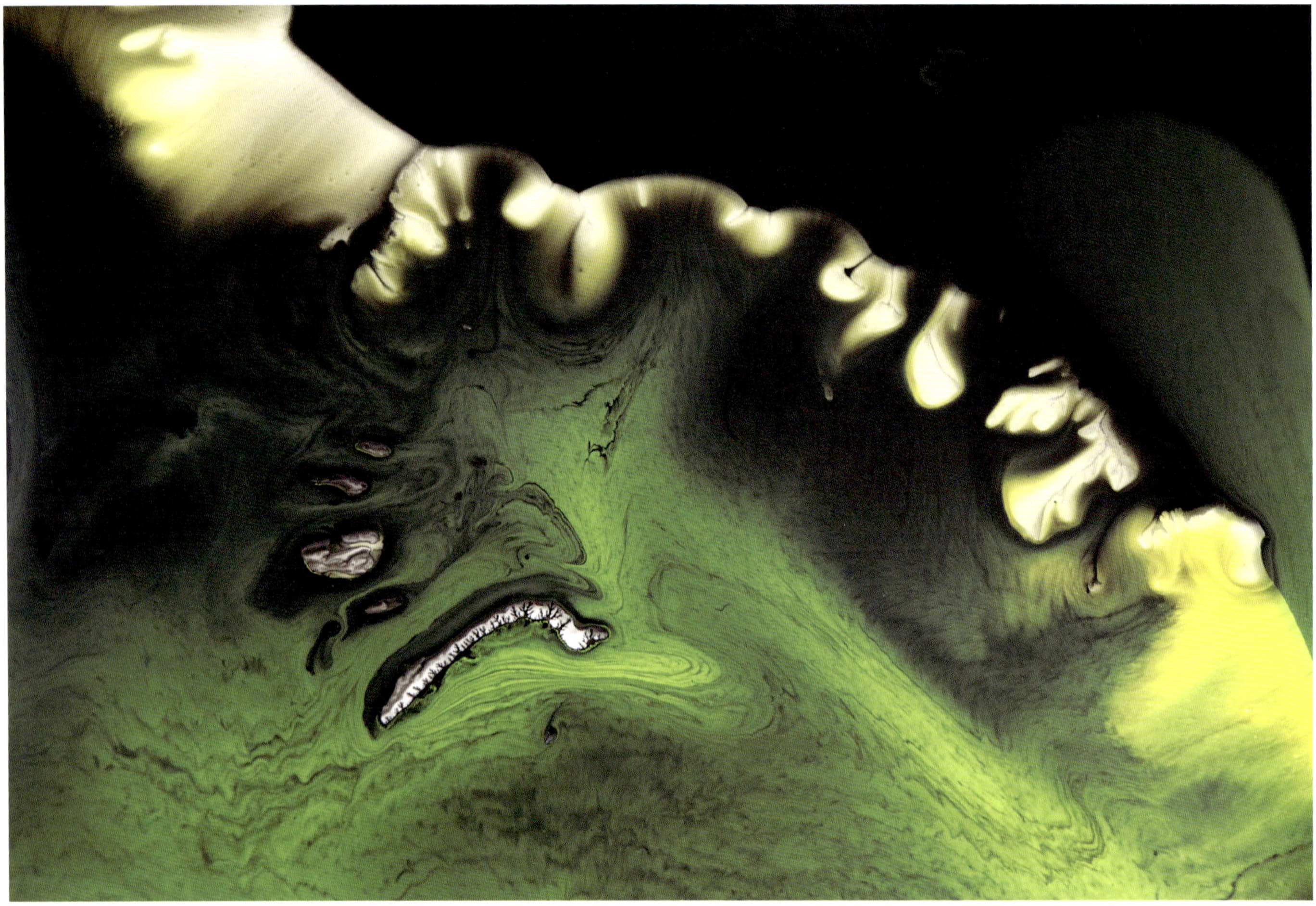

生 *2014*
互动装置
45 秒

互动方法：

1. （App 目前只支持 ios 苹果系统）在 Appstore 中搜索“幻镜拍拍”，安装于手机之中。

2. 打开“幻镜拍拍”App 程序，程序将触发手机或 ipad 后置摄像头。

3. 将镜头对准作品画面，确保所有画面在屏幕之内。

4. 程序识别作品图像后将载入视频文件，载入速度依据网络及设备情况而定。

5. 之后可使用自身设备观看影像，观看过程中确保镜头对准画面，并保持画面在屏幕之中。

6. 可前后左右移动镜头角度，虚拟图像会依附在画面之上，不会偏离位置。

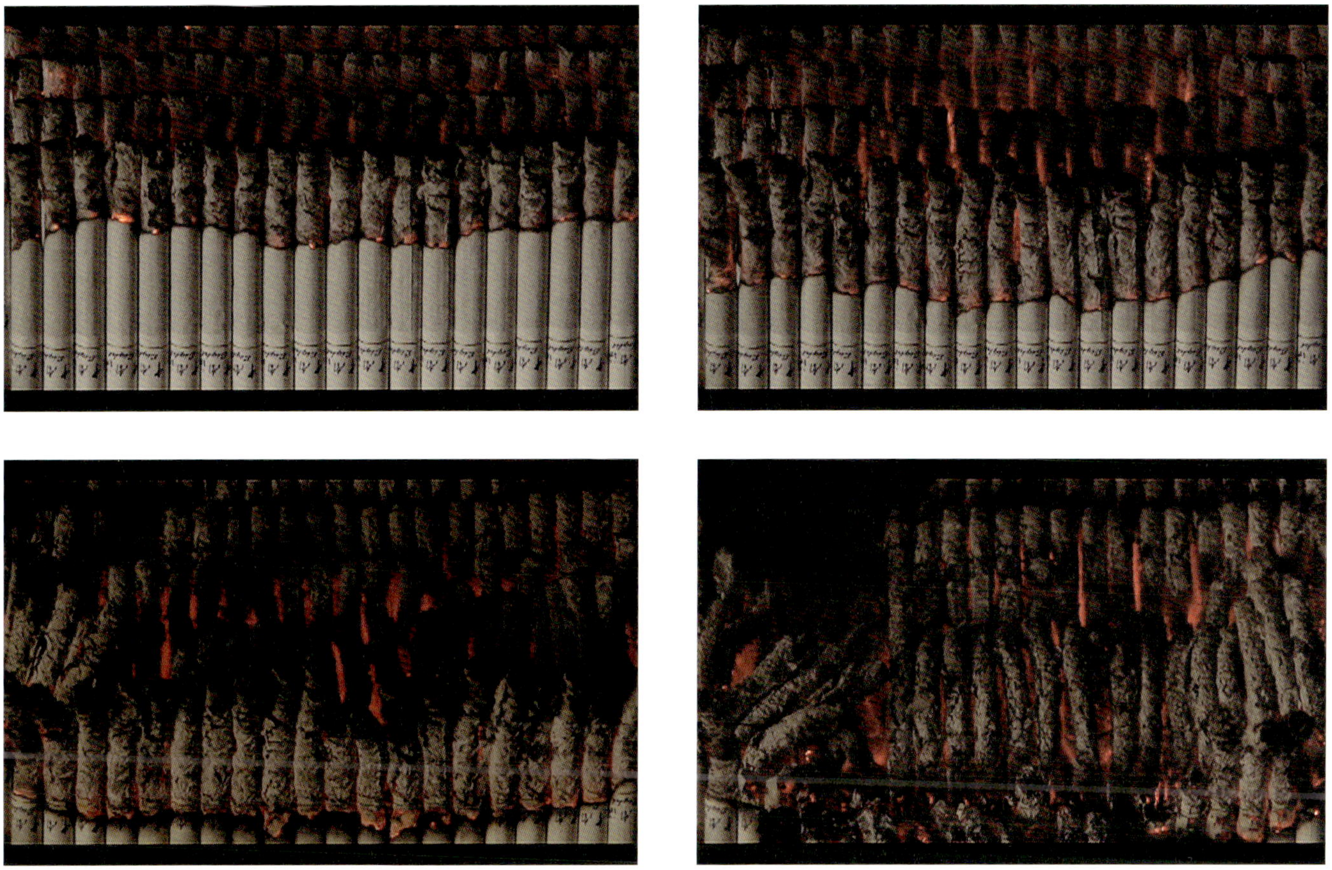

失 2 *2010*
影像
10 分 32 秒

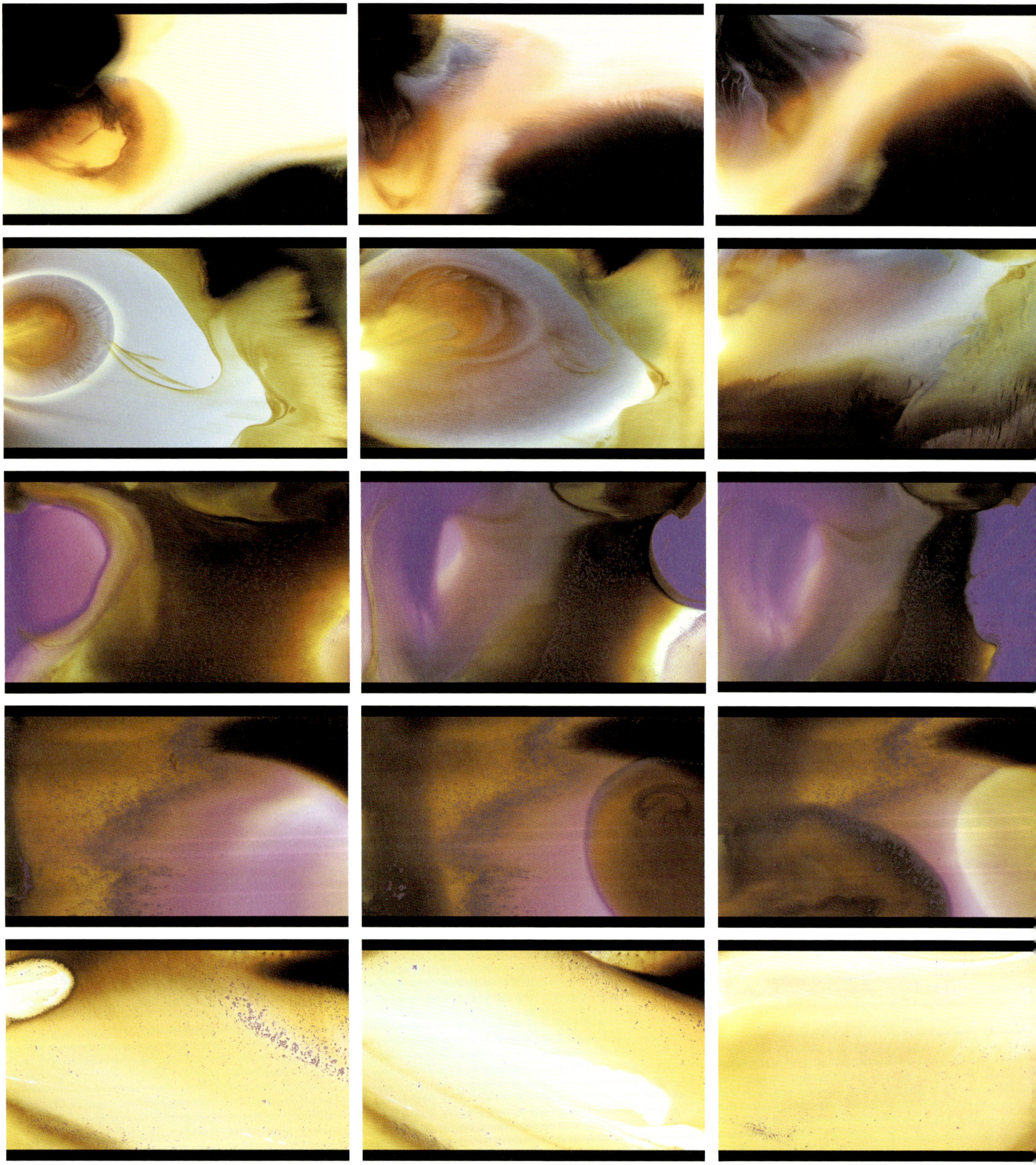

散步 0814 *2014*

影像

7 分钟

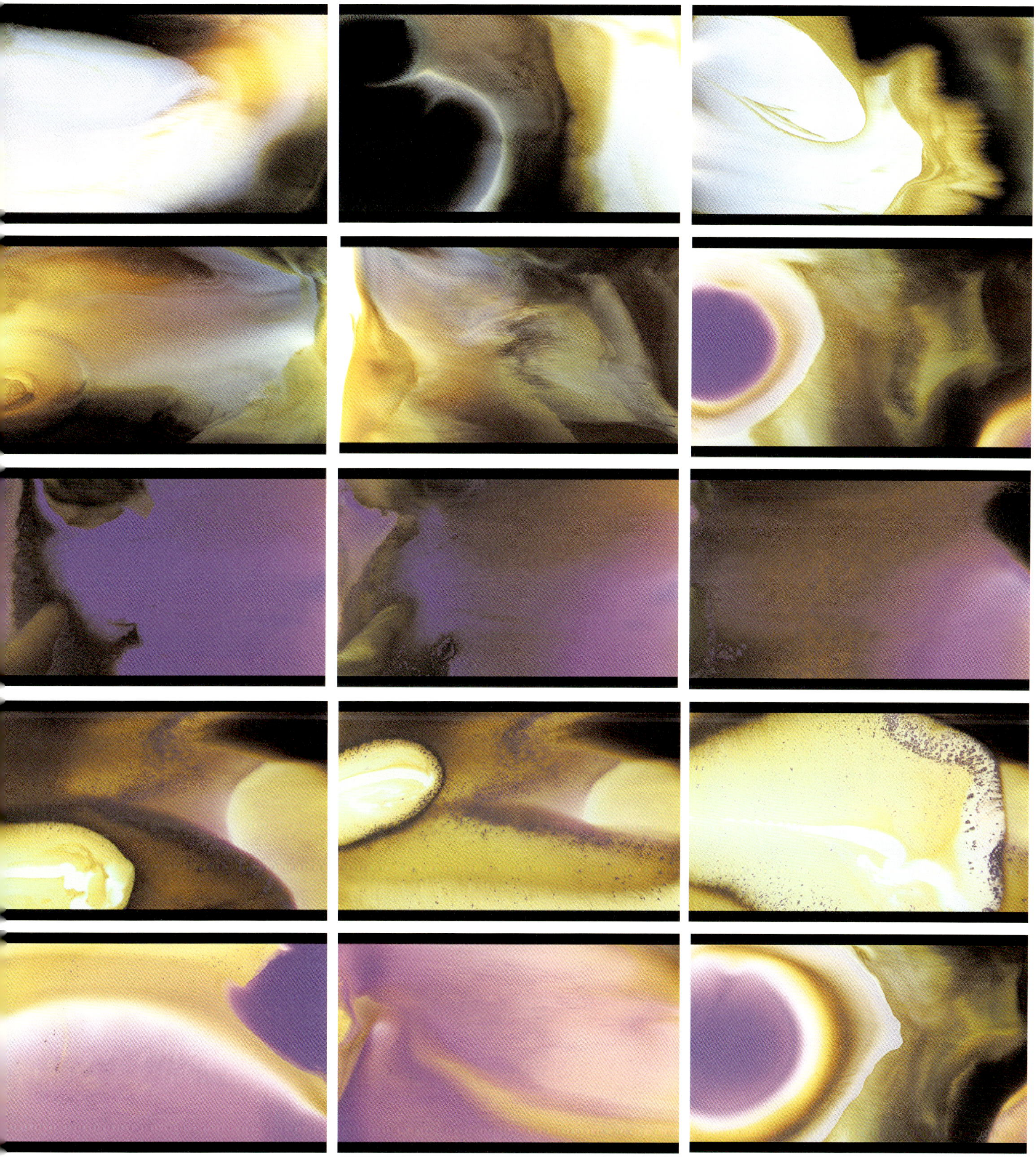

WU
吴 雪莲 XUELIAN

1978年 生于湖北沙市
2005年 毕业于中央美术学院中国画系，获硕士学位
现居北京，任北京信息科技大学讲师

2014年艺术活动

6月 乐园 · 吴雪莲个展，亦安画廊，北京
11月 中国当代青年水墨年鉴展 · 第三回，圣之空间，北京

两人世界 No.1 *2014*

纸本设色

132cm × 132cm

两人世界 No.2 2014
纸本设色
81cm×111cm

乐园 No.15 *2014*
纸本设色
81cm × 111cm

乐园 No.14 *2013*
纸本设色
66cm × 92cm

沐 *2012*
纸本设色
81cm × 111cm

家园之一 *2013*
纸本设色
81cm×111cm

骈一荷之六 *2011*

水墨、银箔、皮纸

160cm×240cm

XU
徐华翎 *HUALING*

1975年 生于黑龙江哈尔滨
2004年 毕业于中央美术学院国画系，获胡勃工作室硕士
现任教于中央美术学院中国画学院，现居北京

2014年艺术活动

1月 N12 · 第五回，北京公社，北京
4月 N12 · 新六回，大未来林舍画廊，台北
5月 静置 · 中国当代艺术展，悉尼市政厅，悉尼，澳大利亚
5月 新水活墨：一种关于水与墨的看法，香港海事博物馆，香港
11月 中国当代青年水墨年鉴展 · 第三回，圣之空间，北京

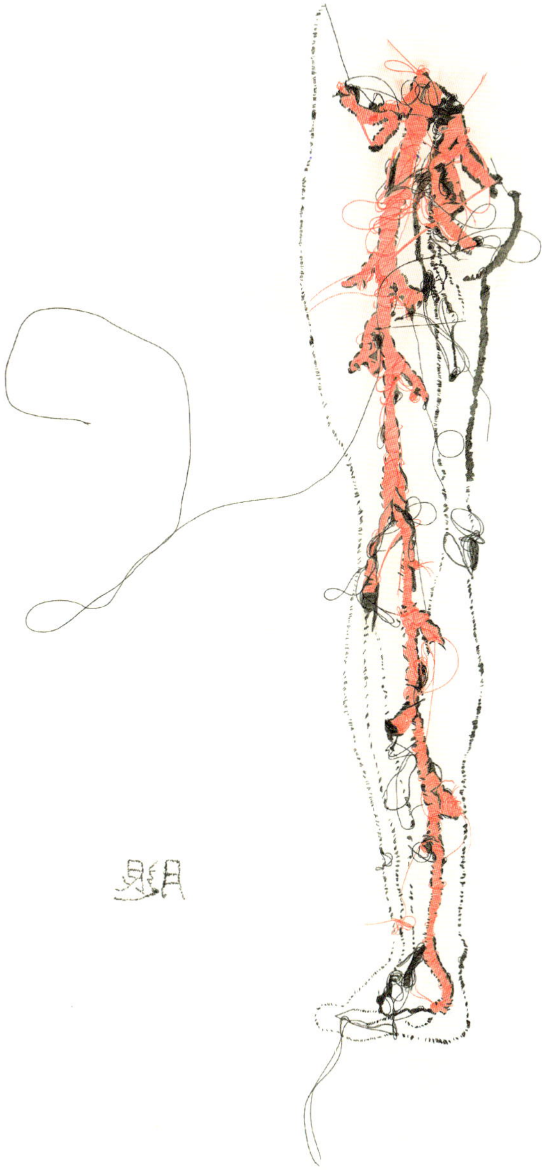

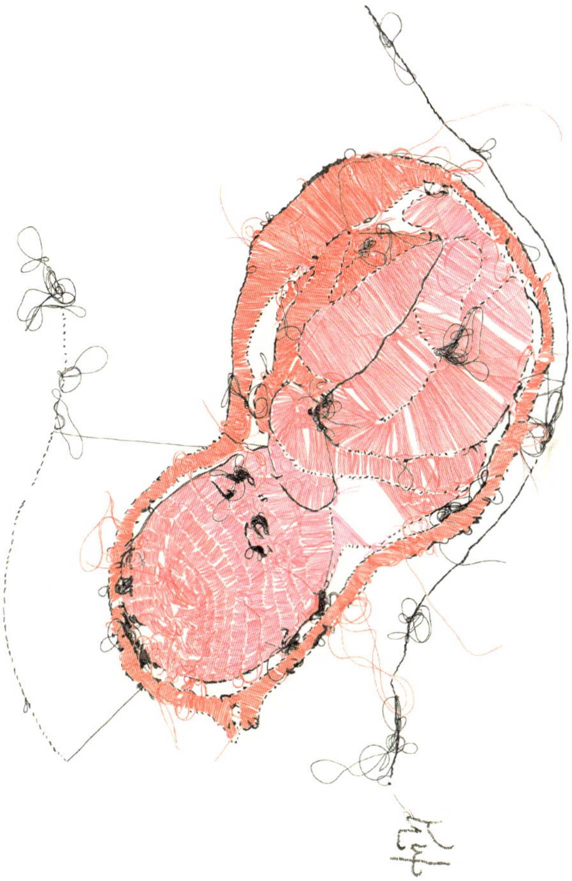

绣一腿（左） *2009*

绢本设色

160cm × 80cm

绣一孕（右） *2009*

绢本设色

160cm × 80cm

之 · 间 48 *2014*
绢本设色
160cm × 100cm

之·间44 *2014*

绢本设色

160cm × 100cm

之 · 间38 *2014*
绢本设色
50cm × 120cm

之 · 间 45 *2014*
绢本设色
75cm × 60cm

香 2014 No.2 *2014*

绢本设色

100cm × 100cm

香 2014 No.8 *2014*

绢本设色

100cm × 120cm

XU
徐加存 JIACUN

1977年 生于山东莱芜
2000年 毕业于山东师范大学美术学院
2000-2005年自愿赴西藏工作，任教于西藏拉萨高等师范专科学校
2008年 毕业于首都师范大学美术学院，师从刘进安先生，获硕士学位
现任教于天津美术学院中国画系，首都师范大学现代水墨研究所研究员

2014年艺术活动

3月 艺术家的理想 · 柒社雅集 · 第四回，今日美术馆，北京
5月 静置 · 中国当代艺术展，悉尼市政厅，悉尼，澳大利亚
5月 青年艺术 100 香港站，香港 K11 购物艺术馆，香港
5月 关注的力量 · 青年水墨作品展，今日美术馆，北京
5月 笔墨当随时代 · 新文人水墨展，马奈草地美术馆，北京
9月 中国当代青年水墨年鉴展 · 第一回，圣之空间，北京

树的状态之一（左） *2014*
纸本水墨
180cm × 145cm

树的状态之二（右） *2014*
纸本水墨
180cm × 145cm

树的状态之三（左） *2014*
纸本水墨
180cm × 145cm

树的状态之四（右） *2014*
纸本水墨
180cm × 145cm

树的状态之五（左） *2014*
纸本水墨
180cm × 145cm

树的状态之六（右） *2014*
纸本水墨
180cm × 145cm

树丛系列之二 *2014*

纸本水墨

123cm × 250cm

树之二 *2013*
纸本水墨
69cm × 100cm

天空 *2013*

纸本水墨

140cm × 300cm

YANG YU
杨宇

1983年 生于江苏
2010年 毕业于南京艺术学院中国画人物专业，师从周京新教授，获硕士学位
现就职于南通画院，任江苏省中国画学会理事

2014年艺术活动

1月 工不可墨 · 中国工笔画邀请展，养墨堂，南京
11月 中国当代青年水墨年鉴展 · 第三回，圣之空间，北京

塞壬之歌 *2014*

绢本设色

57.3cm × 79cm

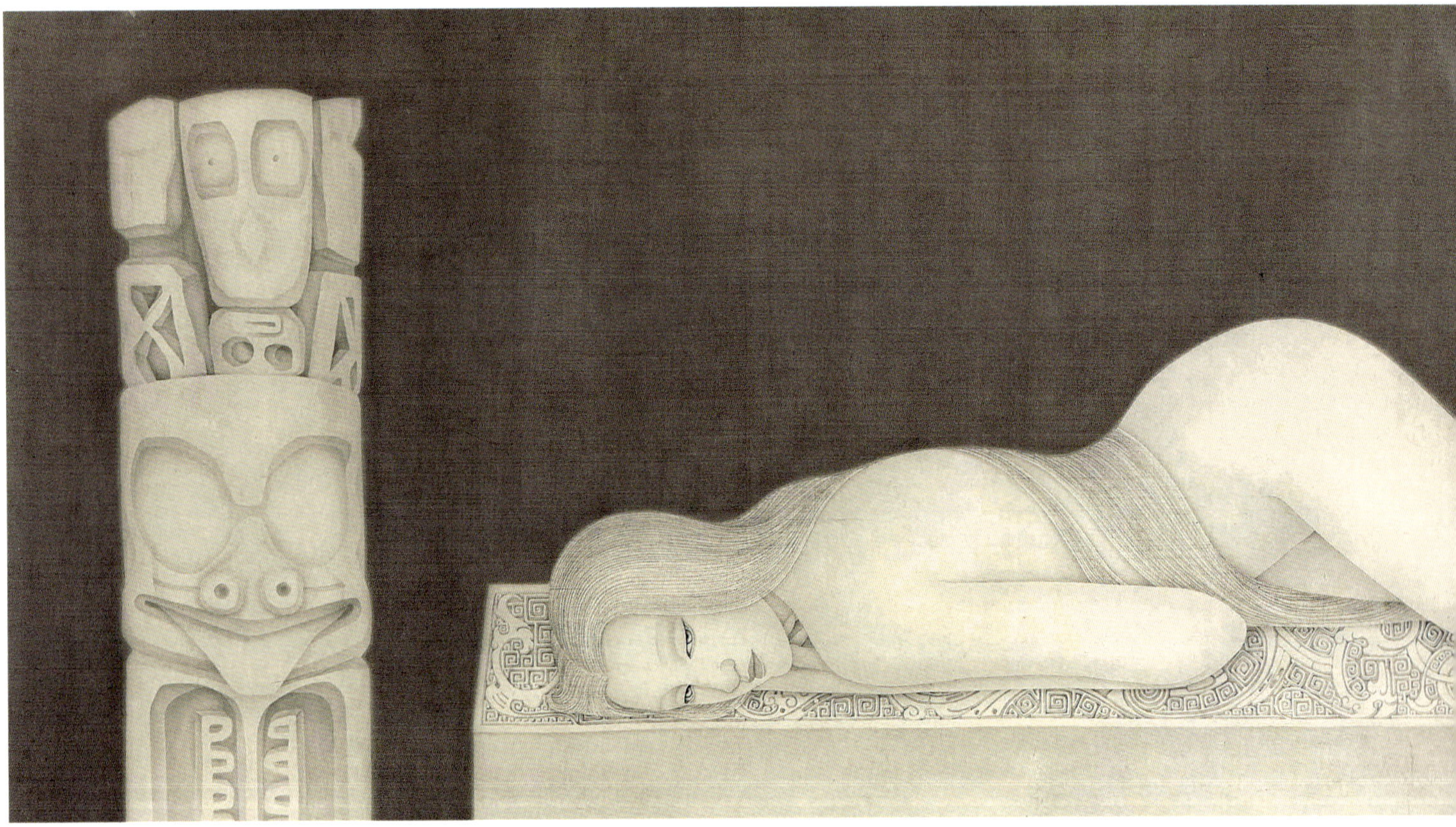

禁咒 *2013*

绢本设色

61.2cm×228.8cm

音尘绝 *2013*
绢本设色
128cm × 75cm

戒香 *2014*
绢本设色
77.2cm × 93cm

三千梦醉 *2014*
绢本设色
50cm × 82.5cm

幻身 *2014*

绢本设色

107cm × 83.5cm

YU
于继东 JIDONG

1976年 生于山东淄博
2003年 毕业于中央民族大学美术学院中国画系人物研究工作室，获硕士学位
2014年 韩国光州市立美术馆北京创作中心第六期驻馆艺术家
现生活工作于北京

2014年艺术活动

1月 洛杉矶艺术博览会，洛杉矶会展中心，洛杉矶，美国
4月 Cold Ink · 线上展，Art Share，香港
5月 韩国光州美术馆北京创作中心第六期驻馆艺术家开放展，环铁艺术城，北京
6月 微艺术博览会，玖层美术馆，北京
6月 情境与空象当代水墨四人展，第零空间，北京
7月 台中艺术博览会，日月千禧酒店，台中
9月 中国当代青年水墨年鉴展 · 第一回，圣之空间，北京
9月 复调Ⅱ—中国艺术生态调查 · 北京站，南京艺术学院美术馆，南京
9月 中国当代青年水墨年鉴 · 第一回，圣之空间，北京
10月 在路上 · 2014：中国青年艺术家提名展，关山月美术馆，深圳
10月 2014 台北国际艺术博览会，台北
11月 韩国光州市立美术馆北京创作中心第六期驻馆艺术家作品展，富思画廊，北京

迷失（上） *2013-2014*
纸本设色
129cm × 248cm

仰望（下） *2013-2014*
纸本设色
129cm × 248cm

境踪、静中、尽终 *2014*

纸、墨、木、胶

尺寸可变

秩序 No.061912 *2012*

纸本设色

70cm × 140cm

作品 012012 *2012*
纸本设色
96cm × 160cm

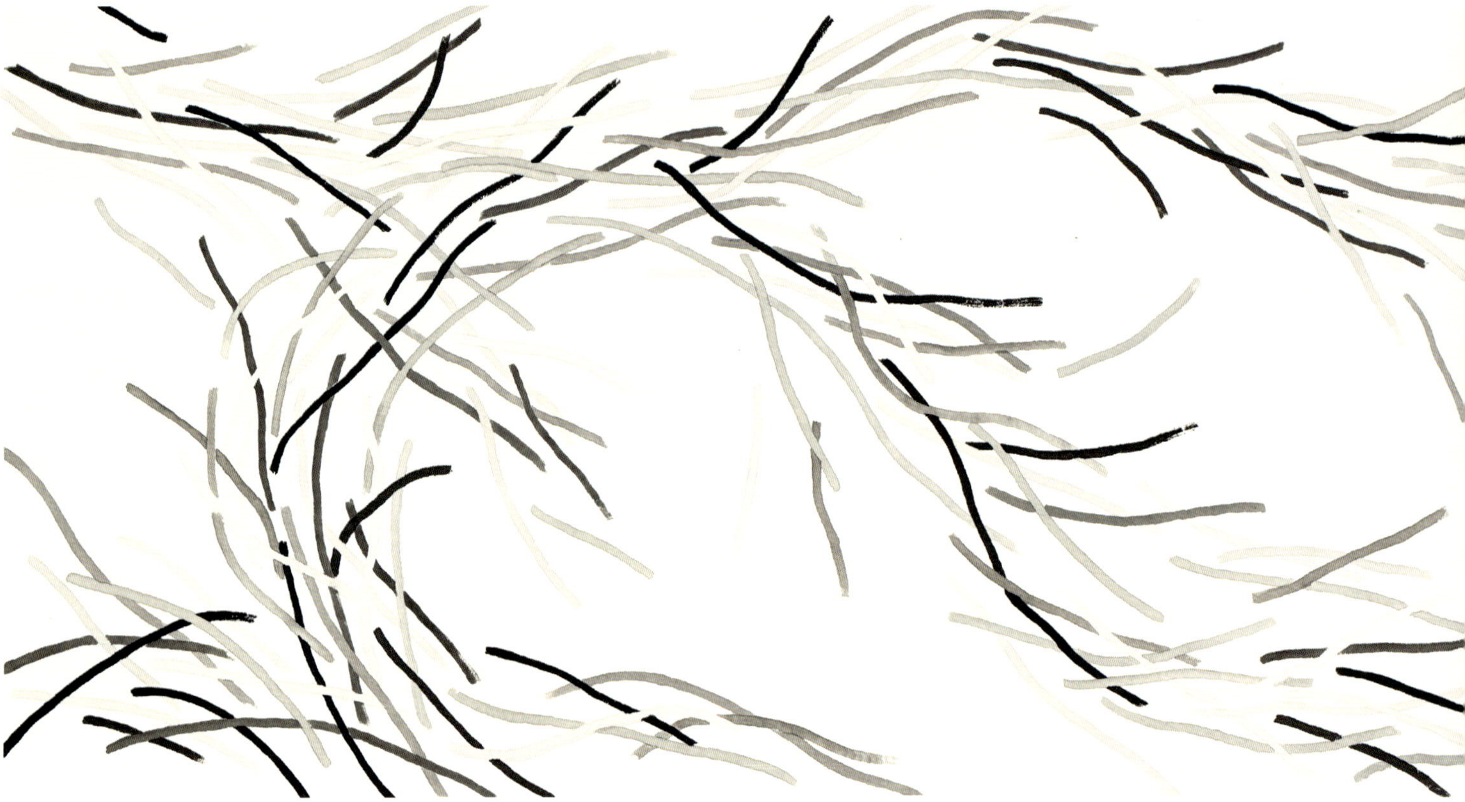

大山水 061212 *2012*
纸本设色
70cm × 140cm × 2

ZENG
曾建颖 JIANYING

1987年 生于台湾南投
2009年 毕业于台湾师范大学美术系
现就读于国立台北艺术大学美术创作硕士班

2014年艺术活动

7月 活体资料库：变异形象的墨彩制造，也趣艺廊，台北
10月 新 · 岛屿全览—台湾当代水墨，乙皮画廊，花莲

深夜雷禅 *2012*

综合材料

117cm×91cm

长泳 *2013*
综合材料
60cm × 90cm

匿名的长者 *2013*

综合材料

60cm×90cm

一棵开花的树 *2013*

综合材料

60cm × 90cm

好朋友 *2012*

综合材料

91cm × 117cm

ZENG
曾健勇 JIANYONG

1971年 生于广东
毕业于华侨大学艺术系中国画专业
结业于中央美术学院版画研修班
现生活工作于北京

2014 年艺术活动

4月 中国当代水墨状态 · 鸿蒙变——玉衡艺术中心开幕展，玉衡艺术中心，上海
4月 迷路 · 曾健勇个展，东京画廊+ BTAP，北京
5月 静置 · 中国当代艺术展，悉尼市政厅，悉尼，澳大利亚
6月 心 · 向——曾健勇作品展，SCOPE BASEL 2014，巴塞尔，瑞士
6月 双重视界 · 2014 意大利中国新水墨邀请展，佛罗伦萨美第奇宫，意大利
8月 水墨新精神 · 传统文化的当代裂变，石家庄美术馆，河北
9月 2014 武汉第三届美术文献展：再现代，湖北美术馆，武汉
10月 中国当代青年水墨年鉴展 · 第二回，圣之空间，北京

驯服 *2014*

纸本设色

144cm × 72cm × 3

相隔多远 *2014*

纸本设色

144cm × 72cm × 3

诸野 No.3 *2014*

纸本设色

144cm×72cm×4

诸野 No.4 *2014*
纸本设色
144cm × 72cm

诸野 No.1 *2014*

纸本设色

144cm × 72cm

旗帜为你升起 *2014*

纸本设色

66cm × 180cm

遗失之地 *2014*

纸本设色

144cm × 72cm × 3

ZHU ZHENGMING

祝铮鸣 ZHENGMING

1979年 生于浙江
2001年 毕业于中央美术学院国画系，获学士学位
2004年 毕业于中央美术学院壁画系，获硕士学位

2014年艺术活动

1月 致青春 · 南通中心美术馆青年艺术家创作计划，南通中心美术馆，南通
3月 她 · 时代——当代艺术联展，北京时代美术馆，北京
4月 世说新语 · 水墨人物展，鼎峰空间，北京
4月 水墨异质 · 关于自由主义，绘通当代画廊，北京
5月 关注的力量 · 当代水墨展，今日美术馆，北京
6月 魂兮归来 · 次关于东方美学的对话——学术研究展，现实空间，北京
7月 解构 · 解放——当代水墨邀请展，上舍空间，北京
9月 印度拂尘 · 祝铮鸣作品展，艺凯旋艺术空间，北京
9月 水墨画皮 · 五位水墨女画家展，蜂巢当代艺术中心，北京
11月 中国当代青年水墨年鉴展 · 第三回，圣之空间，北京

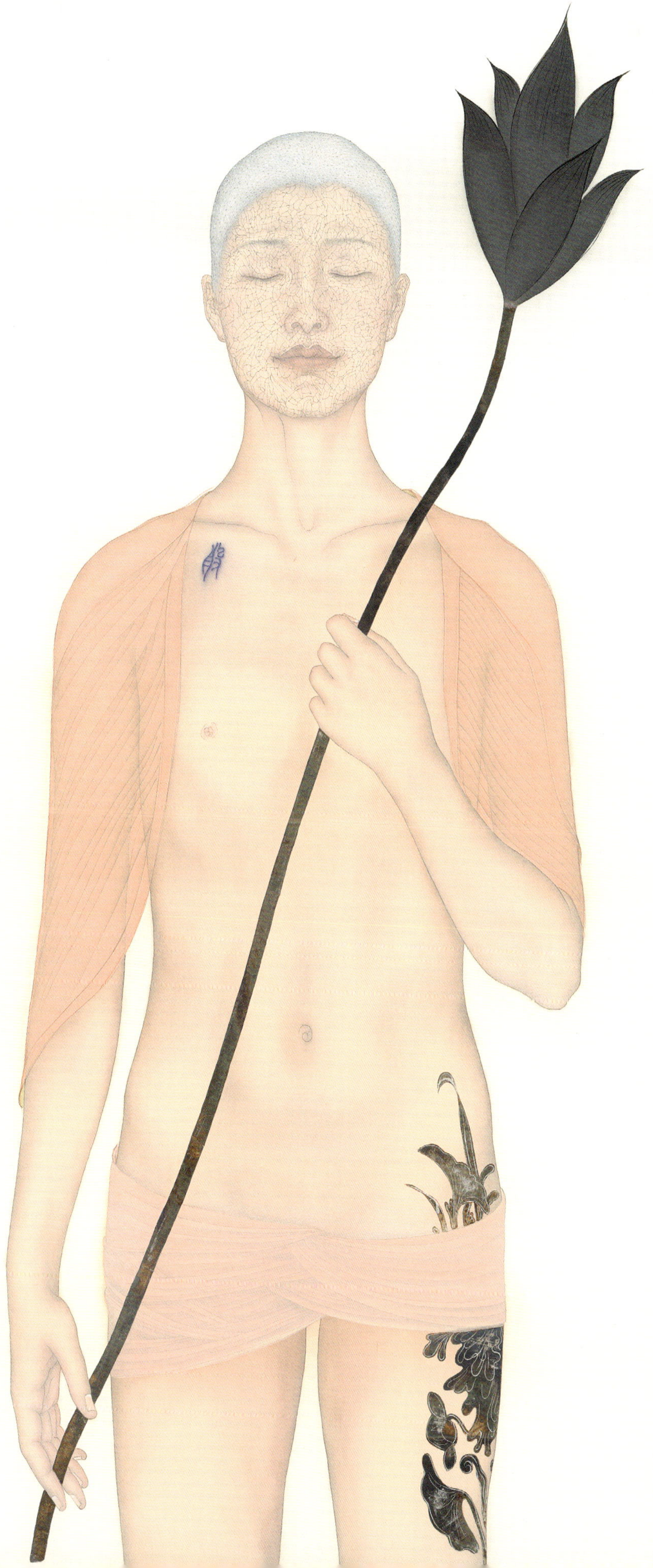

空行 *2014*

绢本设色

130cm × 60cm

2014 –

百年孤独之四十三 *2014*

绢本设色

52cm × 33cm

彩隐 *2014*

绢本设色

190cm × 110cm

仿佛 *2014*

绢本设色

83cm × 62cm

剎那 *2013*
绢本设色
80cm × 68cm

百年孤独之四十 *2013*
绢本设色
52cm × 33cm

百年孤独之三十一 *2011*

绢本设色

52cm × 33cm

现场记录

2014

Live from Exhibitions

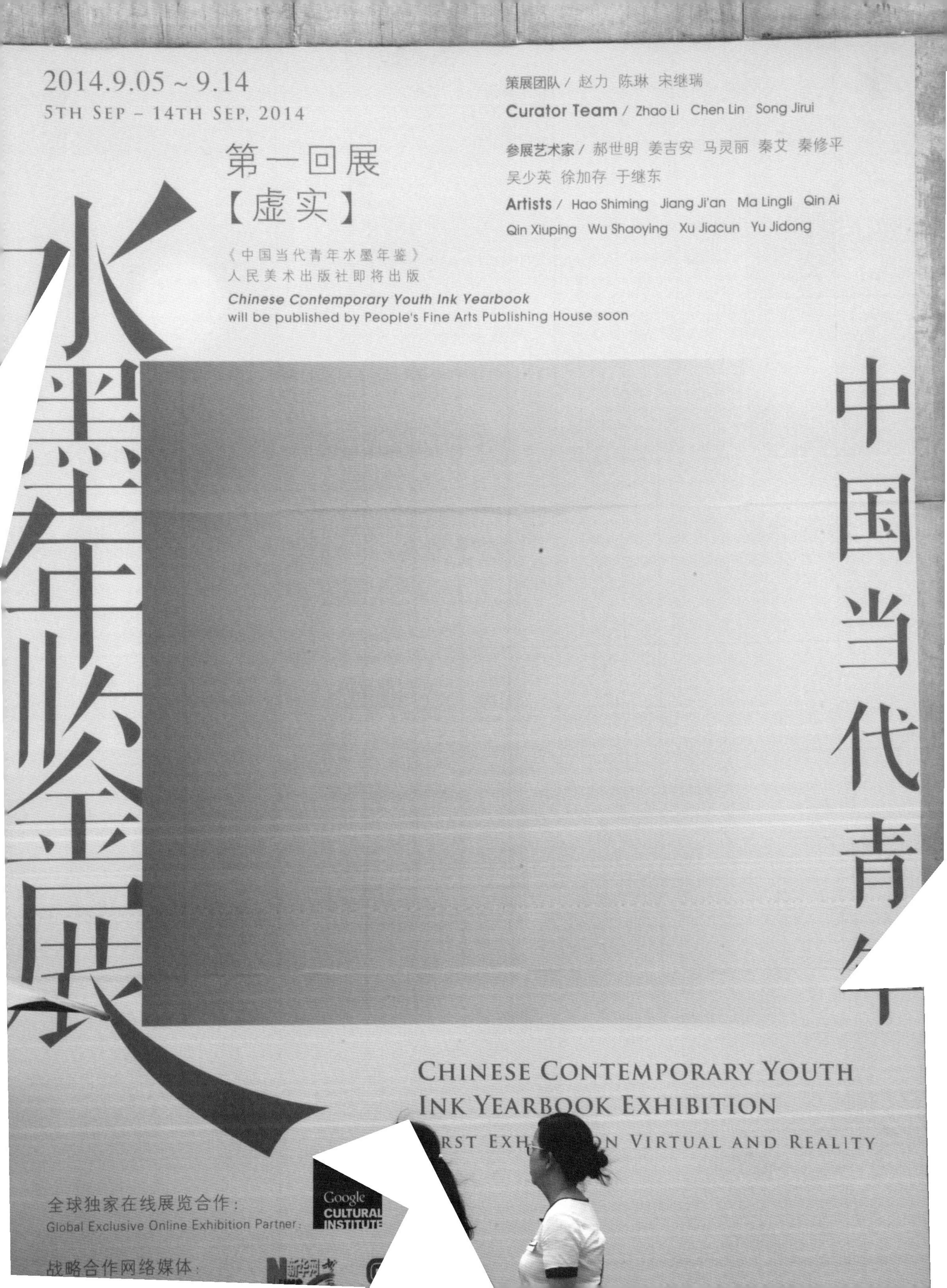
2014.9.05 ~ 9.14
5TH SEP - 14TH SEP, 2014
第一回展
【虚实】
《中国当代青年水墨年鉴》
人民美术出版社即将出版
Chinese Contemporary Youth Ink Yearbook
will be published by People's Fine Arts Publishing House soon
策展团队 / 赵力 陈琳 宋继瑞
Curator Team / Zhao Li Chen Lin Song Jirui
参展艺术家 / 郝世明 姜吉安 马灵丽 秦艾 秦修平
吴少英 徐加存 于继东
Artists / Hao Shiming Jiang Ji'an Ma Lingli Qin Ai
Qin Xiuping Wu Shaoying Xu Jiacun Yu Jidong
水墨年鉴展
中国当代青年
CHINESE CONTEMPORARY YOUTH
INK YEARBOOK EXHIBITION
VIRTUAL AND REALITY
全球独家在线展览合作：
Global Exclusive Online Exhibition Partner:
Google
CULTURAL
INSTITUTE
战略合作网络媒体：

水墨的内核在于精神。因此，它首先是自由的表达，即出自个体心灵的表达以及在创作过程中灵机的、偶然的出现，从而到达个性化的无拘无束；其次，它是精神性的创造，并通过具体的创作最终落实为多样而丰富的意境。当代水墨的核心在于突破性，它基于真实表现的自由度，更立足于不顾一切的“往前”的勇气。虽然个人发展不可能与艺术史的方向完全重合，但是水墨艺术家应该保持一种“向前”的姿态。突破性在艺术创作中的具体反映即是实验性，敢于以水墨为介质、以水墨为精神、以水墨为发展方向，形成实验的多样性。即便实验性可能导致各种的不确定性、不完整性、不成熟性，但是实验性就是水墨当代性中的最核心组成。

《中国当代青年水墨年鉴》是中国现当代美术文献研究中心的年度课题，其宗旨是通过文献记录的方式去呈现当代青年水墨的创作现状，梳理其中的线索。而有感于近期中国当代青年水墨的创作变化，我们更觉得这项工作必要而紧迫。同样出于记录、研究的目的，“中国当代青年水墨年鉴展”也是课题中的重要一环，我们希望通过学术性概念的提出，邀请部分艺术家进行创作，将展览现场转化为某种实验场，在与观众的互动中探索当代水墨的未来方向。感谢参展艺术家的人力支持，也感谢关注水墨的朋友们鼎力相助！现在就是未来，而水墨的未来就在我们的脚下。

First Exhibition
Virtual and Reality

2014 —

[参展艺术家] 郝世明 | 姜吉安 | 马灵丽 | 秦艾 | 秦修平 | 吴少英 | 徐加存 | 于继东

第一回展　虚实

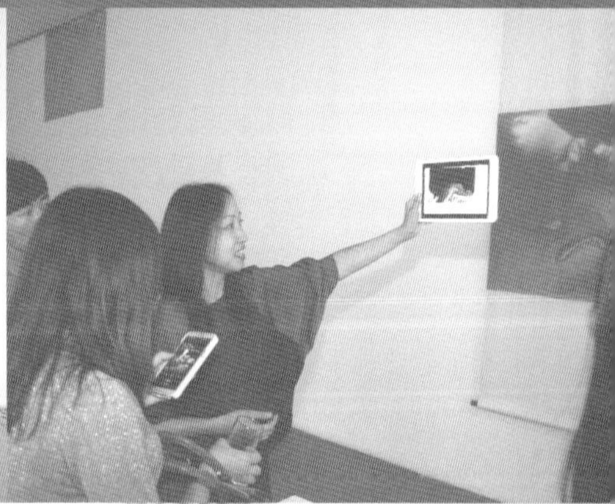

从水墨的角度谈颠覆与转换

—学术对谈—

[时间]2014年9月6日

[地点]圣之空间

[对谈嘉宾]郝世明（参展艺术家）— 孙磊（诗人、艺术家）

郝世明 | 孙磊

郝世明 这个对谈不是临时起意，我和孙磊老师约了相当长的一段时间。孙磊老师不仅是著名诗人，也有艺术评论家和艺术家等多重身份，我们相识多年，每次交流都能让我感受到他思考的敏锐通达和视野的开阔，关于水墨问题，关于我的作品，最初只是想私下约谈请教，正好有这样一个机会。我们商量并确定了这么一个主题，叫作"从水墨的角度谈颠覆与转换"。对于这样一个问题，我在创作经历中是有感受的，但没有理论方面开阔视野下的确定，颠覆与转换，即使从水墨角度来探讨也包含诸多的层面，包括传统、当下以及生命经验等等，我个人觉得这是这个时代艺术形态下最主要的驱动力。单纯的画家谈理论，言多必失，还是先请孙磊老师对这样一个问题谈一下。

孙 磊 郝世明是我非常赞赏的一位艺术家，约我做个对谈，话题定为"从水墨的角度谈颠覆和转换"。我知道颠覆和转换方式，从某种意义上讲是艺术生成、发展、延续的内在现象。

那么，颠覆的方式呢，主要源自西方的艺术逻辑，在每一次艺术运动、每一次艺术表达的转型阶段，都会有一些颠覆性的力量和颠覆性的意识在艺术家的思想与作品里，从而形成一股强大的变革力量，建构出一种新的具有活力的艺术生态。那么在中国呢，恰恰是有另外一个线索，这个线索主要以"转化"为特征，这个"转化"可能并不是特别强烈地要求一种反叛，而更多的把反叛意识纳入到一种延续、传承的脉络上来，纳入到这个完整的具有充沛文化养料的系统中来，以此来推进中国艺术的发展，建构中国艺术的进程。

那么这个话题如果放在今天的新水墨的面貌里，我觉得蛮有意思。在这个面貌下能够逐步认识了解新一代水墨艺术家以及他们的思考与创作，像郝世明这样的，他们在探索的过程中，强化了这个转化的力量。而这种转化呢，不像过去一样仅仅停留在语言、形式、程式精神呈现等方面，而是更多地与现代人的人性、温度、语法、思想关联起来了，这也是新水墨之所以"新"的道理。过去的转化主要的依赖也是一种文化和精神的内核，其实这个内核在今天也没有变。之所以叫做转化，也和这个内核有关。

那么到底什么变了呢？今天的水墨画，新水墨真正的变化，我认为主要在思维方式上，或者是说从思想和观念的角度重建一个水墨的表达逻辑。这个逻辑很有意思，我记得德勒兹写培根的时候，有一段非常有意思的话题，他另建了一个抽象表达形成的模式，在这个绝对视觉的模式下我们会重新看待艺术史。他举例说，像波洛克这样的艺术家之所以被称为"行动绘画"，主要是眼睛与手的辩证的结果，是从眼睛进化或者转化到手的过程，也就是说我们不仅仅以眼睛来认识世界，那个世界在艺术进程中的任务已经完成了，终结了，现在只是转而让"手"成为建构绘画的主体意志，"手"成为主体性，眼睛成为"手"的依附，所以尽管绘画的表象并没有变化很大，但是内核变了。

所以我讲中国水墨的转换方式，有其自身的特点，一开始有一整套的程式，那种山石、水流、树木的画法，本身就不是仅从视觉角度出发的，从某种意义上讲就是一个手和眼的合体。那么新水墨的特点是在哪里呢？从眼手问题的线索出发，我们会看到传统的表达是眼手与心的呼应，所以精神场域大于现实场域，新水墨在这个基础上将思辨的力量掺和了进来，让现实场域与精神场域一样宏阔广大。而且思想方法或者思维方式的灵敏鲜活将那种呼应转化成一种特别具有东方精神意味的当代表达，因此无论纯抽象还是意象抽象，对新水墨来讲转化都是很重要的；否则，就会陷入一种习惯性的不通畅。

郝世明 说到这种不通畅，有一种状况，就是经历中国画教育的一批画家由于绘画语言及其绘画意识的固化后，在面对与之并不相符的内心与现实时，并没有反观自身的表达体系，而是重新构建生活环境和生活状态，以和自己固有的表达方式相合，这说起来是有些不可思议的，但也是接受过中国画教育后很难打开的结；正是由于固有的结合体完整而纯粹，使得我们很难贯通于当下的生活与意识，也成为几代人的努力目标，以至于今天，我们还在谈水墨与当代的问题。在这些努力过程中，我能够体会到很多的层面和方式，包括我们今天谈到的颠覆与转换，可以说是从 20 世纪初水墨这个概念的出现，就不断探讨至今的话题，是水墨切入当下，切入当代，我们通常要涉及到传统、当下的和当代性的东西。而颠覆与转化这两种方式，在我的创作和思考过程中感觉两者都有，但对于两者并没有明确的区分。

孙 磊 是这样，它是两种逻辑，颠覆的逻辑强调了一种断裂式的反对。就是说，不管是从文化的角度来讲还是说从技术的角度来讲，它都有一种断裂。比如说西方艺术史在走到抽象的时候，走到了极端性的一个点上（极少主义），那么在这个向度上就很难再往前走了。像鲍曼，他已经减少到一块画布仅有一种颜色的地步，所以他再往下走就没有通道了，就要一下子截断，并会新生出和原有的艺术形态完全不同的一种表达样式。而转换与颠覆不同，它始终有一个链条，这个链条并没有断裂，并不是以断裂的形式来展开它的探索和创新的。实际上这个链条更注重的是关于我们自身文化的内涵以及精神内涵的部分，这个内涵通过多年的语言探求比如说通过特别强调的笔墨，笔墨本身就是一种语言方法，它的被强化，恰恰是强调了其背后的文化背景和精神背景，以这个为链条往下传承的时候，无论是发生了多大的变化，它的精神内核并没有太大的更改。转换实际上是有方向的，当代水墨的方向也许就是思想的可能性，一种从思想出发建构的语言的可能性。

郝世明 而从水墨的角度来说，你觉得这两种变化状态体现在哪里？

孙 磊 其实我也很想问你这个问题，因为有的时候理论会显得枯燥并带有说教的色彩，这也是我不愿意看到的。比如说关于现象的总结，其实这几十年来呢，在我看来在整个中国画的教育体系上还保留着比较好的脉络，而目前学院里面，关于西方观念和思想的脉络反而相对滞后，当然现在也在不断改观。

中国画有他非常强悍的逻辑，有相对根源性的教育系统，比如说大学中有很好的读画的课程，也有老师具体教画的过程等等，很重要的一点，在中国画教育系统中也不断地吸收着各种形式语言的方式方法，比如说你在画树、山、石，水的同时，也画写生的椅子等等各种各样的物像，这个物像不以西方的画家交代的局限为目的，相反它被纳入了笔墨的法度。

我们仍然处在一个笔、手、眼必须共同融合得非常好的一个状态下在描绘。但是当你在思考我如何画的时候，你就会意识到你原有的方式和今天的关系是什么，我不知道你是不是这样想的。我想艺术家都会考虑所谓的当代性，我先问你一个问题，你为什么会在语言方法上选择一个相对抽象的方法，一个编织的方法。

郝世明 其实我最初所面临的问题也是一样的，如你所说："原有的方式和今天的关系是什么？"而原有的方式并不单单是表达方式本身，更让我们不忍舍弃的是其背后丰厚的文化，本民族的传统文化对民族自身而言是有魔力的，那种文化精神以及文化趣味是流淌在血液里面的，是一种基因，所以当这种文化失去了独立性和在当时的认同度时，我们内心的滋味都是一样的，我得说，我的表达方式和这种感情有关，也成为我作品的某种诉求。从视觉影响来说，我也找到了很多可以自圆其说的点，比如战国青铜器，特别是湖北省博的一些文物，或者说已经是一把破烂但是依然屹立着的藤椅，当某种视觉元素和自己的精神诉求相符时艺术家的内心就会被触动，甚至影响自己的表达方式。

孙 磊 一个现实的表象，比如说一个藤椅，启发了你对形象的认识和感受，它包含着青铜器上面的花纹图案的复杂性景象的互动式联想，然后还有那个景象本身同时遭受了原有文化的追溯。这是一种心境。

郝世明 对，与当时的心境有关。

孙 磊 你有没有考虑过你开始这样画的时候，除了我们讲的形象和对文化的追溯以外，那个"双钩"的语言模式是怎样出现的？

郝世明 那个时候我需要一种非常犀利的甚至是有渗透性的表达。如果说颠覆，我是没有那个勇气和能力的，如果说转换，我也不愿那么温和，应该是介于其间或者说两者都有。大多数朋友都认为，我的方式还是比较粗暴的，那时的状态，在对传统的深厚情感里，我有一种撕裂并重构的欲望，并渴望没有障碍的沟通，也没有想过是否属于当代。双钩自古就有，也不是我想到的，只不过我尝试将其作为一种纯粹的语言时契合了我当时的精神诉求，并能够实现开阔的可能性，我觉得我找到了自己情感的出口和表达的通道。

孙 磊 西方抽象走到 20 世纪初的时候，走向了两个方向，一个是叫做冷抽象，一个叫做热抽象。其实之所以它建立这个纯粹的抽象概念的时候，实际上更指向语言本身而不是物象，对物象的纯粹语言化实际上是一种精神的提纯。当我看到一个纯抽象的作品时，不再思考它会有一个形象的指引或者是说形象上的暗示。哪怕这个暗示的是直接的；就像我们听一首乐曲，声音一起来我们立刻就成为一个精神化动物了，就会受到影响。

如果是这样的话，我想中国水墨从 20 世纪 80 年代到今天，一大批艺术家参与抽象水墨的表达，实际上就成为某种精神提纯的欲求，而 90 年代中期抽象水墨的没落也就成为精神没落的标志？那么对你而言，今天使用抽象语言的意义在哪里？

郝世明 其实我对抽象的概念不太明晰，所以对于我的语言是否属于抽象，我不敢确定。抽象是一个西方概念，虽然由于环境影响和所受教育，我的作品中不可避免地掺杂着西方因素，但我还是比较肯定自己还是在我们的文化线索上，我比较认同"有抽象感"的这种说法。但我自己最为肯定的还是"意象"的说法，我觉得我的方式从根本上说源于中国画的意象，我的绘画意识也一直在这个线索上。虽然在这个问题上，我还无法解释自己关于书法的作品，我还是无法认同这些作品是抽象形态。

孙 磊 我理解了，其实就是意象中的抽象因素并不构成断裂式的重建，而是一种自然转化、相互生成的意识。

郝世明 对。

孙 磊 但是呢，我想你肯定有所考虑，对这样的一种"双钩"的语言方法，如果不是抽象的系统的话，你可能是从一个方法的角度来实施这个绘画性，是吧？我仍然有一些想法，那么对于这样的一种比如说带有抽象意味的语言方法建构一个意象化的形象，而且这个形象也不是说确切得有一种可能性，你是怎么样让这种可能性和当代的表达发生关系的呢？

郝世明 我觉得是这样，比如我们在谈的颠覆和转换，有人可能从逻辑上或从理论框架的推演中明确自己的方式和方向，我不属于这种，我属于做了再想的，我是在直觉中推进的那种；在作品的线索中，我是坚定的，但有些问题我是说不清楚的，比如作品的当代性问题。我生活在当代的环境中并积极地介入生活，我的艺术活动也在当代艺术的群体中并有着良好的沟通，我也一直关注着艺术的前沿，同时，我埋头于自己的作品，作品之外的一切会对作品产生映照，也可能不会，对于这一点我顺其自然；我更关注表达的明晰、通畅和彻底，这些是我能做到的。我的作品不涉及现实生活的题材，所以如果说和当代艺术发生关系，我觉得是精神层面和情感层面的。

孙 磊 我觉得这个可能跟你刚才讲的词有关，叫做渗透性。 2014 —

郝世明 对。

孙 磊 其实对于当代而言，我想很多的画家介入当代艺术的方法不一样。有一些画家是强力的植入性的，甚至是一种反驳的模式，另外还有自我辩证、自我斗争模式等等。你作为艺术家来说，跟当代的关系是一种渗透性的，有一种缓慢性。也许中国画就是这种特点，中国文化中也有这种特点，相对含蓄，表达一个事物不是那么直白，与自己的整个精神状况有关，慢慢地才会渗透到他要表达的事物中，或者是说他要表达的存在中。所以你的画始终有一种格调，有点高雅。有的时候，我会感受到这个画面中跟现实生活有一个距离感，你是不是与现实的关系也是渗透性的？

郝世明 对，高雅肯定算不上，只是相信还算真实，这点我非常肯定，至于作品跟现实生活的距离感，这是我的方式，我不想触及现实生活，但如你所说，我确实也觉得自己的作品与现实紧密相关。

孙 磊 实际上，跟你在这样的绘画中强化了你的精神需求有关。

郝世明 对。

孙 磊 让对方或者观者有重新看待你强化的精神现实的欲求。

郝世明 对，强化是先要有种需求。

孙 磊 我们虽然看到那么多画家，但对于整个中国画系统来说，有这种强化需求的人还是属于少部分的。大部分的画家还是沿着传统的脉络、传统的步伐、传统的程式化的方法往下走。而像你这样有代表性的画家，已经开始转化，已经开始强化某种因素或反对某种因素，从观看的角度或从手的角度或是从细微精神触觉的角度重建一个新的模式。

郝世明 这个我有一点体会，每个人作为个体都在进行自己的探索，就是说这种探索每个人都有每个人的方向和方式，每个人针对传统发言的方式也不一样。对我而言，就是我有我的自身生活或者是说当下的状态，我有我的传统，我保持与传统精神上的联系，但更重要的我强化自身的是一个独立的现实状况。这也可能是这一代画家的共同特点。

孙 磊 你是说在新水墨画家的群体中，每一个人的形态和形象，以及他们秉持的发言的出发点、表达的内容和所呈现的可能性，都是不同。这是很重要的，是吧？

郝世明 对。

孙 磊 我记得我第一次看到你画的情景，好像我们第一次见面是在地铁站口，是吧？然后你拿了一些画给我看，其实我当时非常惊讶，因为你在那么早的时间，（哪一年我忘了，零几年？）其新水墨语言系统就已经很成熟了，挺令人惊讶的。也就是说你很早就建立了你自己的自觉性，我很好奇，在这样一个新水墨或当代水墨群体中，你是如何确立自己的？也就是说你如何强化那种独特性的？

郝世明 我没有刻意强化自己在群体中的特异性，如果作品面貌呈现出某种特异性，我觉得是这样的，我的作品最根本的是两个方面的影响，一是传统中国画教育，二是当代艺术环境的影响，而这个群体中的人，大多属于从传统中国画到现代水墨再到当代水墨或者说新水墨的师承体系，而我在接受天津美院诸位老师的传统中国画教育后到了武汉，在武汉，除了自我封闭的独立探索之外，就是直接或间接地受当代艺术的影响。自至 2011 年我到首师读硕士，才算介入水墨群体，受到我的导师刘进安先生很多关键影响，但入师门比较晚，所以与新水墨群体共性的部分较少。但每个人都在自己的线索中探索，都在尽力拓展更大的可能性，我也一样。

孙 磊 我发现你特别强调可能性，我觉得这个很重要。我记得 20 世纪 80~90 年代的时候出现了很多的新中国画的方式方法，都有特别明确的指向性。比如代表传统传承力量的"新文人画"，代表新探索力量的"实验水墨"，尽管这两个系统中都出现了异质化的艺术家和不同理念的艺术家，但是还确实有一个明确的主张、明确的方法。

新水墨系统中有一个非常有意思的事情，就是每个人的独立性特别强，他们之间既在传承上相互区别，同时也非常注重相互的距离与区别；有别于前两种探索，但是同时又恢复了传统中国画系统中对意象、对深入意象的崇敬。比如说，过去抽象水墨的逻辑里边需要颠覆的部分（意象化认识等），在今天，在你们这一代身上又重建了。

另外呢，文化也是在颠覆，比如对写实带来的现实物象的一个认识上的重建，1949 年以后建立的学院美术教育特别强调写实，写实性本身也在颠覆传统，实际上是建立在一种观看的立场上。那么当我们重审这种立场，发现它在以笔墨精神为核心的中国画系统中转化了，没有那么锋利了。也就是说文化上的颠覆力量在语言的进程里成为一种可以转化的力量，因而进入绘画就显得温和内在，比如你画一棵树，写实性的文化反驳力最终被笔墨意识所融合，同时形象与意向融合，形成一系列的视觉语言的符号。

郝世明 我最近包括这一系列的作品，都是关于传统的视觉符号的再探索。

孙 磊 你的树是具体的现实中的一棵树吗？

郝世明 对，现实中有这么一棵树。

孙 磊 方法呢？

郝世明 我试图把它打造成一个状态，有关传统符号式的，但这个上面我更倾向于纯粹些，即使它来自一棵现实的树。

孙 磊 这是一种理念，这是一种传统中国画的技术上的理念。

郝世明 也可以说是一种历练，我很尊重符号，喜欢其背后某种内在的言说，比如说一波三折。就如同我们喜欢太湖石，喜欢梅花的枝干，喜欢曲径通幽的园林，而最根本的，我们喜欢的是这些物象所呈现出的婉转丰盈的意味，以及其所能触及的内在情愫，这是一波三折这种视觉符号真正的承载。我是倾心于这一类符号的，通过不同的尝试，这些尝试就是我想要做的，充满能量，就是一个动作，其实什么都不是，只是从一开始就是一笔过去，然后变，然后再转一个，再舒展开什么的。它什么都不是，但是它是一笔，也可以是一个树干，也可以是龙的形态。这是某种传统的提纯，转化成今天的样子。

孙 磊 你理解的是精神生活的部分。是这样，我发现你是非常理性的，从画面中，我也看到那理性很强悍。这在你那里被自觉地归纳成"符号"，属于语言的范畴。那么还有一个我非常感兴趣的，是你的方式，不是语言，就是这种编织方式，这种编织方式不是要建立一个物像，而是要拧紧一个物像。你的语言方法很奇怪，你现在要画一棵树，你的编织和你所画的形象突然相遇，和你刚才所说的一波三折不一样，那完全是结构的一波三折，而现在不是了；因为你不传统，而且又强调符号的特殊性和重要性，这就意味着你使用了一种结构的方式在建构一个物象，或者是说你在一个结构条件下，给予物象一个纯粹的反应。比如用一个具体的树，你先要将这个具体的树拆掉，在拆掉的过程中意识到传统的程式，你要形成一个符号的程式，然后再获取一个结构，重建一棵树，等于重建一个新的物象，而且这个意象被提纯了。

在20世纪以后，无论结构主义还是解构解码哲学里，都标识出符号也是一种系统，是朝向一个拆解、离散的世界，在整个思想界，哲学界，世界文化层面上建立了一个破碎的语境，强调了生存的因素。那么，这是一种拆解的方法，也就是说建立在我们自身生存的破损处境上，但这也是一个主体化的并且对于新水墨画家来说这是个很重要的课题，就是大家都有一个处境化的现实理解，和现实生活有关的，也有可能和精神生活有关的处境化理解。

郝世明 对，我和别的画家沟通的时候，在观看许多同龄画家的作品时，经常想到一个词，叫做“消解”。交流时大家都有同感，我不知道是不是这个时代文化，就是说这个时代所产生的一种这样的感受，水墨、油画、装置以及电影里都有这么一种表达，很奇妙。

孙磊 这不单单是一个水墨画的话题，这是在整个人类处境下的文化。德勒兹把这种消减和结构理解为一种灾变，他讲的是架上绘画。

郝世明 那样能不能说是普遍的“灾变”意识建构了我们的表达。

孙磊 我觉得这种理解很沉重，因为我们都知道这个世界是我们的，末日是潜在的，无论是宗教的典籍还是文化的谈论，都有对末日的描述。今天社会的状况和危险的程度，也让我们意识到那种末日情绪，世界毁灭很容易，比如一颗超能量的原子弹可能突然爆发，或者是说无论哪一天有一个行星突然冲向地球，这一切都在影响着我们现实生活的存在。所以我想这里面提示一个文化上的问题，我们到底需要一种怎样的文化，给我们慰藉，给我们温暖。我们看到当代艺术中特别强调的一种强烈的流淌式的语言形态，都是潜伏的一种末日意识，而中国的当代水墨或者是新水墨要么是一种浑厚、动态、丰富、玄奥的营造，要么是一种雅质、平和、安静、清远的荡涤。从文化上来讲，它也确实是对当代末日意识的一种反抗，或者是说抵抗。也就是说有什么样的文化催动，就会得到一种什么样的表达形态。

郝世明 还有另外一个层面，就像刚才说的，那种画面逐渐消减的状态。其实我本身也是，一个方面是由这个状态催动创作；同时就像刚才说的，是另外一种积极的因素，我其实不太强调自己画面的积极因素。但还是能够感觉到在表达上有一种积极倾向。

孙磊 有时候积极因素不仅是一个倾向，而是一种动力。

郝世明 对，它形成一种前倾性的隔绝，然后呈现出一种新的力量的可能性状态。我觉得它的可能性非常大，不只是单纯的，片面的，一般意义上的。一个方面从所谓的词汇出发，另外一个方面源自灾变，这是一种现代性的处境。

孙磊 有意思。

郝世明 艺术家的处境意识或者灾难意识说明了这是一种什么样的状态，加上原本理想的作用，不能说是破坏，因为现实是一种复杂的动量，这一切重铸了我的精神生活。当它成为类似这样的一个景象时，艺术家的内心就有一种触动，就是说在潜移默化中，现实会通过这样一种状态建立一种生存的历史。是这样的。

孙磊 挺好，我也挺赞赏这个，这种力量的认识，是你画画的那种本质性的要求。我想在任何一个画家那里都有一个非常好的类似佛学讲的那种“定力”。其实佛学中讲的“定”，并没有说要去掉或舍弃什么样的东西，“定”是一种时空概念，也就是说，进入“定”时，时间与空间就消失了，这种消失实际上很自然，既不玄奥，也无逻辑，就是“定”在那儿了。我们小的时候玩的“三个字”的游戏，玩过没有，你一碰到他，他就输了，但他说“三个字”就定住了，旁边有个人再碰着他他就能跑，没有碰到他他就只能在那儿定着，人的永恒就在那儿定着，而不是在于超越了什么。

佛学里面讲一个人成为永恒的人就是定在那，不再转化了，不再投胎和转世了。所以绘画里面有一个内在的定力，这个定力是艺术家如何面临一个他自身现实处境的问题，这可能是中国画中非常重要的一环。我们谈到那么多符合转换的内容，和我们开始所讲的两者线索都有些关系，也有一些变化。

郝世明 我也有体会，刚才你说这个定力与拆解之力构成我们认知世界的犄角。

孙磊 力量来源于哪里，比如说对整个拆解的方式的根源力量进行分析，是什么让这个拆解之力具有如此长时间的延续，实际上这仍源于你的那个力；你有那个力，把它加入到拆解中去，变成强悍的“定”。

你可能自己觉得你在绘画上是非常的柔和和雅致的，但是实际上那个力造成了让你理由充分，就是说别人看到这幅画的第一印象首先在这个力上；在这个拆解的过程中，其次才看你这个意象表达什么，这是一个由灾变转化成纯粹情绪的过程，是一个由处境认识转化成纯语言理解的过程，不是被直接地经验化了，而是扭曲了纠结了杂揉之后恢复纯粹的惊讶，而不是直接的惊讶。就是说现实处境给你的这种精炼与直接经验不是最终的结果，而要你把这个经验不断积累后再表达出来。

郝世明 表达的积累直至呈现，这就是过程。

孙 磊 有一个出口。

郝世明 对，出口。甚至是可以用一种方式进行沟通，那种内在的精神沟通。比如说画一个画面，然后对这个画面不需要解释，给另外一个人看，甚至是不需要去心领神会，不是说你看到之后就能体会到什么，感受到什么，而是大家一起在做这样一个探索，一个共同的探索，从画面开始。我不知道这个是不是你说的出口，说句不好听的，对画家来说它不单单是一种生活方式，也是一种经营，自身精神的胜利。

孙 磊 中国传统画更强调这些。强调修养本身。有时候这是一个状态，那个状态实际上是与在我们绘画中见到的永恒的状况有关的。从人的角度来讲的话，就有一个集中精力的一个程度，这是一个精神状态。

我也很想知道比如说你作为这个新水墨群体中的一员，年轻的这一代人中的一员，你是怎么样看整个新水墨中的画家的，甚至是说有什么独特的经验可以拿出来讨论呢？你有什么想法。或者你们的共性在哪里？

郝世明 共性，就是面对这个现实生活，面对现有的生存环境和这种艺术现状。其实每个人都会有些迷茫。我们说艺术教育的本身大多数是脱节的，甚至是没有什么关系的，再经过一个迷惘的状态之后，大家开始从自己的表达向自己的生活状态再到经验然后是精神生活状态的转换。我们都是在这么一个就是说在相对的比较传统的模式下过来的。

孙 磊 但很明显，你们这批画家和传统的文人画的画家完全不同，在形态上就完全不同。

郝世明 这是跟时代、跟整个的水墨画家的状态有关。

孙 磊 也就是说意味着这一代艺术家都考虑到了水墨发展的这个共性的现状。

郝世明 对，还是会考虑的。比如说我是比较倾向于如何在现代的线索上对上一代的水墨进行延续，他们这一代对水墨画进行探索之后的状态对我们的影响和我们对自身的生活状态的体验产生了这一切.对水墨，先不谈实验属性，实验的和当代的，我认为是在谈两个思路。对于水墨，上一代人对我们很有影响，但是在表达上，我们又截然不同。

孙 磊 其实您刚才谈到了这一代的资源，就是说语言资源和精神资源，语言资源可能与你刚才讲的实验属性都有关系，这个关系实际上是艺术史情结的关系。

郝世明 艺术史情结。

孙 磊 对，一个艺术家希望自己的艺术成为代表这个时代的精品，一个经典的艺术。艺术史要求是什么，是作品的经典化。当然德勒兹讲这是一个灾变，这个灾变是通过内部的不断的融合和不断的转化形成的。所以说他说得非常有意思，他说这个灾变本身是建构一个什么样的艺术史的进展，是一个不断向前奔向你的前方的一个历史，不是往后的，但它是往前方逃亡的历史。我觉得那个灾变说和你说的艺术史的欲求，你是从两个角度来看这件事的。所以可能这一代人在艺术史的情结上还是挺重的。

郝世明 这点我认可，也能深深地感觉到。其实这种艺术史的情结在我们这一代的身上也有延续，只不过有所摆脱，其实每一代人都在极力地摆脱着什么和拓展着什么，要达到所谓表达得彻底与自在，其实都很艰辛。

孙 磊 很好。由于时间的关系，先聊到这儿，可能我们以后还会有更深入的探讨。很高兴能与你交流我的困惑和对新水墨画家片面的理解，聊了这么多。这个颠覆与转换的话题也非常有意思，当然其范畴也很大，有机会我们再聊。谢谢你，谢谢主办方。

水墨与科技的时代

—学术对谈—

澳门艺术家吴少英一直坚持致力于探索不同媒介上的水墨语言表达。在她的作品中涉及到的媒介广泛且自由，除宣纸、画布、录像、摄影等相对传统的媒介以外，她还将水墨参与到互动剧场的表演之中。通过现代科技手段呈现流动变化的水墨图像，吸引了众多观者的目光，也引起了观者对水墨与科技结合的探讨。

[时间]2014年9月6日

[地点]圣之空间

[主持人]宋继瑞（策展人）

[对谈嘉宾]吴少英（参展艺术家）— 赵力（策展人）— 陈琳（策展人）

宋继瑞 | 吴少英 | 赵力 | 陈琳

宋继瑞 感谢大家今天下午来到圣之空间，参加这个论坛讲座。我想先介绍一下嘉宾。首先是艺术家吴少英老师。然后再介绍一下这个展览的策展人赵力老师，还有就是展览的负责人陈琳老师。我也是策展团队的，我叫宋继瑞。感谢大家。

我们这次展览的一些作品，大家可能看得不是特别仔细，比如说像吴老师的互动作品，咱们可以先请吴老师演示一下，整个演示时间 45 秒钟，大家可以看一下。

陈 琳 这是吴少英老师的水墨创作，一直跟科技很有关联，这个作品是她和上海一家科技公司合作开发的 iPad 最新的 APP 应用；把这个 APP 打开之后，对准她这件墙上的作品，屏幕上就会出现一个互动的影像作品。吴老师您亲自给大家介绍一下吧。

吴少英 感谢大家今天下午过来。其实在我的创作里边，我一直在跨越不同的媒介，在这个展场上会看到水墨和宣纸的结合，水墨和画布的结合，还有水墨在影像上的记录，今年的时间里，我尝试把水墨和科技结合。水墨和科技的结合是一个发散突破的点，很多问题真的是技术上没有办法突破的。今年年初的时候，上海的一家科技公司，有一个研发了很多年的增景现实技术，就是说可以把一个平面和立体结合在一起。看到这个技术的时候我很开心，因为这项技术可以把我多年的梦想实现出来，我们就在一起研究，通过这个技术，呈现出刚刚看到的这个作品来，这是我们大家努力了三个月的结果。

宋继瑞 从昨天开始现场有一些观众，他们对这个作品的创作过程非常感兴趣，想请吴老师介绍一下这个作品是怎么样的生成的，包括一个互动的作品，还有一个是现场的绢上的作品。

吴少英 首先我做了一个大概是 15 分钟长的现在大家看到的这个效果的水墨互动作品，后来觉得应该要缩短，最开始缩短到了 1 分钟。之后我觉得大家把 iPad 拿出来 1 分钟就会手软，做到 45 秒就会 OK 了。又觉得这个影像没有声音，不好听，就放进去了一些音乐。图上这幅是影像最后一张图片，然后把这个图片打出来，在绢上喷绘出来。这个技术是一个新的技术，一般的图片是打在宣纸上面，或者是打在画布和其他的材料上，打在绢上的话一般是会用在古画上面，如果是照片的话会觉得比较新的一种想法。整个作品出现的时候，我还在想，它应该是怎么样一个景象出来呢？也是很传统的方式吗？我开始尝试一个很传统的方式，就是挂幅。大家会觉得这是一幅画还是一个照片，还是一个什么东西？我们今天讨论水墨和科技，这个关乎到传统的水墨和西方的科技。我想说大家今天看到的我的作品其实是很传统的，用我们大家都接触的这种挂幅的方式，但是用西方的技术去呈现它。

宋继瑞 据我了解，这是吴老师第一次用这种方式来呈现水墨的作品，然后作品的策展团队和策展人也是第一次看到这种新颖的水墨作品在展览上，那么在吴少英老师和陈琳老师的互动过程中，当陈琳老师知道有这样一个作品的时候有什么样的想法？

陈 琳 是这样的，因为我们和吴少英老师也有充分的沟通，去她的工作室专门拜访过，看到过吴老师墙上的、纸上的作品还是比较近似于我们传统概念中的水墨绘画，然后也看到了像后面这种水墨影像的作品，然后吴老师跟我说她有一个互动的装置。当时我们听她描述，其实没有办法很完整地想象出来这个作品的形象。但是，到了布展现场的时候，这个作品在墙上的部分是一个传统的卷轴的方式呈现，然后又通过现代科技的苹果的 iPad，或者 iPhone 手机下载高科技创作出来的 APP 应用和现场的墙上作品产生这种互动。而且这种互动是跟情景结合得非常紧密的，只要把屏幕对准这个墙上的图像，不管是在什么样的距离，手机屏幕上呈现出来的画面都会根据你的远近距离而变化，这种感受和体验非常的新颖，纳入到这个展览的范畴也是非常有实验性的。

宋继瑞 赵老师对新水墨的认知也是比较广，比较深，现在的新水墨是艺术家作品的内容和形式上寻求一些新的变化。所以我想问一下，赵老师在看到相对来说比较新颖的形式的时候，会不会对新水墨的整个创作的媒介和方向带来变化或影响？请赵老师从整体上来谈一下艺术和科技的结合对新水墨的影响。

赵 力 我们做这样一个展览，实际上就想通过 70 后的年轻艺术家的创作，去了解一下我们水墨创作的现状到底怎么样，这是我们这个展览或者是说我们这个系列展览非常注重的方面。那么我们本来是想通过一个我们研究中心——我们叫做中国现当代美术文献研究中心，通过记录的方式、出版的方式去了解。但是后来我们跟艺术家交流的过程中，我们觉得文献和相关出版的研究，往往是艺术品创作出来以后再去记录，这是一种滞后性的现象。所以如何把研究、记录的方式和艺术的创作的现场感体现出来，这是最关键的，也反映了我们研究和创作本身是相互有关系的，甚至是同一个结构里面的东西。从这个角度，我们开始做这样的展览。

说到做这个展览，我们也看到了这几年关于中国的年轻艺术家在水墨的创作方面有一些非常好的发展背景。第一点是美术馆、博物馆对中国的年轻一代水墨艺术家的创作是非常关注的。第二点是这两年市场收藏对于年轻水墨艺术家创作的支持力度越来越大。当然也有负面的，比如说市场价值左右艺术创作，艺术家疲于应酬，这是现实的问题。

另外一个方面，学术介入的程度是不够的，很多情况下，我们看到艺术家尤其是水墨艺术家在过去的几年里面创作的方式和展示的方式都是自发的，或者是说有市场来引导的，所以希望有一种学术的力量能够介入，使它完整地呈现出来，并且更好地呈现。从展览的现状上来看，像我们和湖南美术出版社合作的圣之空间，展览的空间是有限的。我们的展览分成单元展示，有一定的主题性。分为三个主题，一个是虚实，就是今天看到的展览。另外是看到的对水墨从物质到精神的传达过程里面的新变化，就是第二个入境。第三个是我们叫做形神，就是说我们画的东西和我们要表达的东西之间的关系是一种描述性的还是精神性的。这种分组对应的关键词——虚实、入境和形神都是中国传统的关于水墨创作的关键词。

所以我想当代性本身的创作——当代性和表达性与我们的传统文脉和传统历史是有关系的，这使得我们在展览内部有针对性的思考。在我们第一次的展览中选择了吴少英。我认识吴少英很久了，她的普通话不算太好，澳门籍的，听着也是挺亲切的，跟很多的电视连续剧的口音差不多。吴少英很早到大陆来，在北京进行创作已经有六七年了，她选择北京的背景和现在从事的创作方式是有关的，一方面想在水墨上更当代。在水墨和当代的结合上，有几个方面是我们要看到的。我们看到水墨创作的变化和当代水墨演化的过程，在 20 世纪 80 年代、90 年代的时候的水墨艺术家主要是通过对现实的表达和介入的方式来实现所谓的转型。在这里我们看到都市水墨，像李孝萱、田黎明、刘庆和等等我们叫做当代的介入。当代的介入可以说是水墨和生活的关系，而不仅仅是传统的笔墨的关系。这是一个方向。

那么在这个方向上还可以看到许多中国水墨艺术家，他们特别想表达的是人和自然的关系。中国提倡的人和自然的关系与西方的所谓的主客体关系完全不一样，是一种天人合一的关系。从 80 年代至今可以看到一个序列，许多山水画家把自然媒介变成一种场景化的风景。这是一种非常有意思的表达形式，我们往往把它叫做东方的或者是中国的白然经验。这种经验把白己的体验和自然结合起来，变成一种特殊的、心灵的结合。这是第二方面。

吴少英加入了一个新的表达方式，是科学的经验。实际上，在 20 世纪以来的很多西方现当代艺术的发展过程中是非常关键的一种方式。很多的艺术家的创作都体现出科技发展影响下艺术创作的多样性。比如说媒体，以前艺术家用照相机或者是摄像机记录，因为有了这种发明才有这样的发展。还有就是媒介，比如电脑和互联网更多地强调互动性。那么水墨如何去表现科学，吴少英在长期的创作里面非常关注这个部分。通过这次的影像和 iPad 结合的方式是一种探索。当然这种探索并不只是她一个人在进行，但她能够在我们这次展览中，通过这种方式展现她对于虚实的理解，对于情境的表达。这非常有针对性，因为我们的展览需要这样。除了吴少英，今天参展的所有的艺术家都会从各个方面讨论一种空间关系，这种关系我觉得就是吴少英做到的这种。她说她期待这样一种相互的结合已经有很长的时间了，现在有这样的一个契机可以表达出来，我觉得非常有意义。

说到新水墨，我觉得新水墨是一个相对来说很宽泛的概念，为什么新？新水墨的出现就对应有老水墨，有新旧之分。新水墨是不是一个科学的定义，或者说是 个完全有学术价值并且以后能够长期发展的概念，这一点我觉得有待讨论。

但是在新水墨发展的核心价值里，除了创新的力量之外，用科技的方式去表达也是水墨精神不断延续和发展的结合度和宽阔性的体现。所以我也非常高兴看到吴少英的这种作品。我相信她从这样一种作品出发，会有更多的作品出现，我也期盼着我们的水墨艺术有更多的与未来的表达形式相关的结合。

这种结合会使得水墨艺术变成更宽泛的更有表达力的甚至是有未来性的一种方式。这是水墨的发展方向之一，而不是全部。我希望能够通过各种各样的结合带来更多样的呈现，期待着包括吴少英在内未来中国水墨的一百、两千、五千种的表达方式。有了这样的表达，有了各种各样的艺术家，当代水墨的发展就不止是水墨的，而是真正意义上充满创新、多样性的整体，这是时代的精神，这是我的理解。

宋继瑞 刚才赵老师说得非常具有理论性和系统性，把整个现状形成的状态和吴老师作品在形成过程中的方式也梳理了一遍。我们在今天现场看到的，其实每一个艺术家都是非常认真地总结了展览的作品。这个作品的主题是虚实，然后一会儿跟大家看一下每一个艺术家作品，无论是形式还是内容方面都比较切题。像吴老师的作品我觉得是更切题了。当然切题的方式和以前不太一样，我们坐在这个区域来欣赏她的作品，我们右边的都是她的作品，椭圆形这幅作品是在布面上和水墨结合，下面的圆形是在画板上裱宣纸，再用水墨的方式呈现，我背后这个是一个科技和艺术的结合，这个作品其实也是和一家科技公司进行的合作，也是之所以说这个作品与虚实切题的主题。我们知道水墨更注重的是一种虚的呈现，但是像科技，尤其是吴老师的这个作品，应用了这个技术，其实是叫做增强现实的一种非常实用的技术。所以用一个增强现实的技术来呈现这个水墨的虚，我个人认为这是一个非常好的契合点。所以我想问一下吴老师在作品的创作过程中以及和科技公司在长达三个多月的沟通过程中，是否对科技性的实与水墨的虚的平衡或者平行、或者是说在这两者平行过程中，哪一个更重要一些？做过一些思考与讨论？

吴少英 谢谢，我知道有这个增强现实的技术之后，先做一个影像。这个影像，这是为了这个作品专门做的，之前是有一些技术没法突破的，然后尽量去沟通这个增强现实的技术是要如何体现出来。我做好之后，然后再给他，严格来说是一个很大的工程，我和他们的工程师一起去修改作品的时候，我预备好了一个 iPad，如果有 iPhone 也可以下载一个幻镜拍拍的 APP，下载完了以后用手机对着这个作品图片，然后在手机上会出现一个影像。工程师要花很多的努力把这个影像写到 APP 程序上去，这样的话才能出现这个作品出来。这个作品一个月前就做完了，但是我现在还在想，下一个我会怎么做呢？下一个是一个景的空间都做成一个图片，可能这个空间是没有东西的，然后再把这个增强现实，使其具有更现实的感觉，把这个空间呈现出来。但是这个想法实施的过程是非常痛苦的，需要强大的人力去实现这个作品的。我想像这个水墨和科技结合，我觉得我们生活和网络与科技已经分不开。我们如果去很远的地方，网络都不通，我们上不了 QQ 和微信，就好像和外面的世界隔绝一样。这个和我现在的作品一样的，比如说这个，属于这个空间里面没有网络，这个作品就没有办法呈现出来我们准备好的图像，虚与实和我们现在的虚与实是一样的，是在我们展览主题的虚和实之间。的确，有的时候在我们生活里是现实还是虚拟里面，我们自己也搞不清，但是已经在走下去的这些是没有分清楚的，而且也是结合在一起的。而且我的作品是在水墨里面不断地呈现虚与实，和现在的虚与实结合在一起，才有现在的呈现出来的作品。

还有就是我发现很多年轻人过来，一直在玩，玩得很开心。然后有一个年纪大的人过来看看，拍拍，然后走了。这个说明我们现在的年龄层与科技技术的关系是密不可分的，而且我的作品是虚拟现实，年轻人都对这些科技比较熟悉、比较灵活。这个科技对于我来说很好玩，所以我会很好地利用它，它是一个媒介。就好象说一百年前的时候，一个人用画布画画，画布就是媒介；然后这个年代我们的科技和我们生活连在一起的时候，科技就是我们的媒介，我们用它来展现我们的艺术作品和艺术体验。

宋继瑞 吴老师在现场很多时候都参与到活动中去的，这里也会出现一个情况，有些人可能更多的是侧重于技术的好玩，但是忽略作品本身有一个要传达的东西，我不知道吴老师怎么看待这个问题。

吴少英 有的时候在我的创作里面，也有静态的，就像墙上的平面作品。它需要你慢慢静下心来去看这个作品，去感受这个作品里的东西，需要你慢慢才能安静下来。现在展出的这个作品好的地方是很吸引年轻人进入水墨这个领域里，因为年轻人在玩这个 iPad 和 iPhone 嘛，比如说这位先生一直在用。所以我说在我们的艺术品领域里面，比如说我们把这些技术都放在手机里面的时候，他看的是艺术品，或者是看到的跟我们互动的作品，这是挺有趣的，把年轻一代也放进这个科技中去。

宋继瑞 我有两个问题问一下两位策展人。还是刚才的问题，从另外一个角度来想，就是说像这个我们主题是虚实的主题，要用比较现代的、科学的手段来和这种水墨相结合，比如说像吴老师这样，在结合的过程中，有一个科技性与艺术性的关系。这种关系过程中如何地去平衡，或者是如何看吴老师的作品，觉得在科技性和艺术性的平衡上是一个什么样的状态，有一个什么样的平衡度。先请陈琳。

陈 琳 是这样的，可能是吴老师的作品放在我们这个当代青年水墨年鉴的整个展览环境下，大家可能觉得她的作品和科技有这么多的结合，又有图像，又有互动的装置，觉得这个还是水墨吗？可能会有这样的质疑。但是如果说从更宽泛的角度上去看，从整个当代艺术来说，现在的当代艺术家的创作和科技的结合是非常多的，有很多的案例。

像新媒体艺术，相信大家都不陌生，这种结合可以说是走得更远。有很多艺术家在逐渐地突破这种艺术和科技的边界，我觉得吴老师的这种作品对艺术性和与科技性的结合，把握得可以说是很精妙，我想即使是对这种有意思的互动效果吸引来的年轻人，他在观赏之余也会欣赏到这种流动性的非常带有东方意韵的影像作品所传达出来的水墨精神，我想年轻人在玩过之后，对艺术的感觉也是会深有体会的。我想说的就是这么多。

赵 力 从传统的角度来说，我们中国的水墨，或者是说我们的中国画，或者是说我们之前叫做 painting 这样一个艺术，到底是怎么一回事。在我看来很多人认为艺术家画完作品以后就结束了，恰恰很多中国画是没有结束的创作。比如说这幅画画完了，画完了以后人家看到他的作品以后艺术创作就写诗，就题在这个画上，这个诗变成了画的一部分。像故宫博物院里很多的作品，前面有人题诗，中间是艺术家画的，后面哪朝代的人看到这个作品以后往上面题跋，比如看到这张画什么什么好、我看到这张画有多激动，联想到了什么东西，都写上了。这个角度来说我们中国画难道画完了以后就结束了吗？显然是没有结束。就是说西方现在哲学所接受的整体的文化史的结构是互动性的。而且作品还被后来的观赏者参与进去变成作品的一部分，这个历史是渐进性的。这是第一个。

第二个是虚拟化，我觉得中国古代的很多作品都是虚拟创作的，比如说很多艺术家说我去了一个地方，去了一个地方我要画出来，绝不像西方艺术家对一个景致进行真实的描写；而是是根据他自己对景色的体会，像我们说的将眼中之竹，变成胸中之竹，然后到笔下之竹，这是一个过程，所以这不是一个对着景物忠实描写的过程。

还有一个情况很有意思，比如说有的艺术家没有去过杭州，但是他画了一个杭州的作品，他表达了他自己愿意去游览但是没有实现愿望的一种愿望。那么这个愿望是虚拟的，所以我觉得在艺术结构与中国传统的结构里面，创作的时候有很强的虚拟性，而且在另外一个方面也有记忆性。我们在当代艺术领域讲到艺术家的创作，和现实是有距离感的，如儿时的记忆或者是现实成长的经验，然后根据这些记忆再进行创作。这种创作在中国现代也是有的，比如说文征明创作一个作品，然后送给另外一个人，讲他们两个人年轻的时候玩的记忆，记忆力并没有画这个玩的山啊或者是塔啊，或者是城市，而是旁边非常朦胧的一种看不清楚的风景。通过这个风景送给这个朋友，告诉他这是我们共同的记忆，勾连起这个记忆。所以从这个角度来说，中国人的画不是简单的东西。

我想从这个角度再来看看吴少英的创作，我觉得一个真正意义上的当代水墨，肯定是要和传统发生关系。但是如果说发生关系的方式，如果我们简单地理解为是一种笔墨相承的关系。就是简单的这一笔来自哪里，这一墨来自于哪里，这样的路子肯定走不通的。因为我们说明末清初的时候，就是陈琳写论文的时候研究的对象。那个时候董其昌就认为，艺术为艺术史提供了很多创作的语言和形式，通过对语言和形式的价值判断就可以建构一个真正意义上有价值的和传统对应的与传统的观念相一致的山水画标准。恰恰是这种标准过于死板，过于形式主义和语言化，使得我们说清初早期的山水就出现了很多的问题，人家都以这一笔来自于某一个艺术家，这一笔来自于某一个艺术家，然后恰恰忘记了自己和创作的环境，所以这条路是走不通的。所以从这个角度来说，我们和传统的方式可能发生一种通过观念、精神、记忆等等各种方式甚至是虚拟的建构来实现一种价值观，我觉得吴少英是通过一种科学的科技的方式去结合这种价值观，来获得这样一种体现。

这种体现看似是和 iPad 有关系，看似和软件有关系。我个人认为她要建构一个真正意义上的这种所谓的虚拟化的世界和我们现实化的世界之间的关系。这种关系在我们中国的传统中已经存在了。我今天也是跟艺术家作为知心朋友，做一个对谈，而不是说我在这里；虽然我说的太长了，有点像老师，一拿话筒就说个不停了。但是我觉得是这样，她刚刚说了，说我们能不能做一个这样的空间，我觉得可以，这个空间或许并不存在，但是你说出来，可能这个作品就是一个方向。我觉得是这样的，科技是一种技术，对于我们水墨的创作可能是具有媒介价值的，绝对不可能成为全部，如果我们把科学的经验当做一种全部的语言，作为作品本身的价值就可能被忽略，所以我觉得还是应该从文化的角度来看待这个问题，这是我的观点。

宋继瑞 赵老师提到了现代和传统的关系，把吴老师的作品体现在了文化和传统的体系里面。我想问一下吴老师，对赵老师提到的这些体系是一个什么样的理解。

吴少英 我非常认同赵老师的说法，我感觉今天在这里是在听赵老师讲课。今天听赵老师讲课，我也学了很多的东西，像水墨的虚实、传统和现代等很多。我觉得这个展很有意义，我昨天说了，赵老师的团队做得很专业，很关心艺术家，这是让我们很感动的。因为在创作的过程中是很苦恼的，是一个人想怎么样去解决，但是赵老师的的团队会问你做好了没有，通过什么样的努力，用了什么样的方法，就是努力去想这个东西怎么样显现。我觉得这是给我们一个很好的舞台，展示我们的实验。就像我们生了一个小孩，这个小孩比较好玩，出去表现一下好玩的东西，让别人觉得有一个新的想法出来了。这挺好的。

对我来说，你会看到很多的东西，我正在做一些实验性的探索，一直在想这个水墨怎样做，这是我一直以来坚持做水墨的一个动力。我想知道，目前的水墨和科技结合的想法，我的作品走到了哪一个阶段，我不清楚，我希望不停地弄一些好玩的东西出现。然后重点是把这个传统的我们老祖宗的概念，按照现代的社会、现代的特征表现出来，这样就不会觉得很沉闷，会觉得好玩。

赵力 这个话筒到我这儿，我再说几句，关于好玩的事。我学美术史出身的，一个新概念出来，我一定要想到和过去有什么关系，实际上中国的水墨画就是好玩的艺术，人家说笔墨游戏，是一种玩的东西。

吴少英的作品有一种关键词，就像一种流行词："能不能一起玩耍"，大概是这样的感觉。我想从好玩的角度来说几句我自己的想法。我觉得现在的美术馆展览很好，是一种方式，有一种仪式感。但是在这种美术馆里很多情况下我们手不敢乱动，在很多的美术馆里面我们是被教育者，不是参与者，我们很多时候是美术馆会告诉我们什么是知识化的，这使得我们现在关于美术馆的批评也开始出现。美术馆所提供的东西，除了是刻板的教育、自上而下的教育之外，我们还能提供什么？所以从这个角度来说，现在全球美术馆的发展呈现了一种新的发展方向，如何吸引更多的年轻人参与。因为我们这一代是四十岁左右或者是说五十岁以上的更偏向于一种知识化的教育体系下成长起来的人，但是我们互联网时代下的学生，就像我上课的时候我也不反对有人在底下玩手机，我觉得挺好，因为它是真正意义上反应现代时代特点的东西，因为学生可能在手机上或互联网上学到的东西比我讲得更好，为什么不能这样呢？这是一种公平，在同一个时段里，我今天在上边讲，你们在底下听。或许某一个场合里，变成你在上面讲，我在下面听，这不就是一个平等的关系吗。刚才吴少英说到玩的东西，中国画本质里面有一个很强的互补性，水墨如果太刻薄地表现知识化或者是"美术馆艺术"的话，我觉得不是一个有生存力的因素。因为我记得我上学的前一年，李小山已经提出来中国画已经走到了穷途末路的境地了。这个角度上，中国画已经进入到了博物馆这样一种形式了。从这个角度来说博物馆、美术馆的概念就成了美术的终结者。

所以我想，我现在做的很多展览不是在美术馆做的，很多的展事像在圣之空间里这样的替代性的艺术空间来做，我想通过这样的展览方式和年轻的艺术家合作，做成一种真正意义上的社会的普及、大家的参与，甚至是和当代的参与。使得一个方面和传统的经验和这样的玩的艺术、游戏的艺术，能够在一起产生艺术的关系。另外一个方面是刚刚说的，能不能在一起玩耍！这样的一种时尚或者是说游戏，这样的结合，我觉得这是一个值得注意的地方。

宋继瑞 刚刚听到了赵老师说的："能不能一块儿玩耍！"这是赵老师说的，更多的是指艺术和公众一块儿玩耍，这次我们安排了讲座，其实在讲座的过程中，也有一些是和别的行业就是说是属于跨界方面的交流，比如说像讲座内容是相关考古、科技等领域的。现在的跨界活动对艺术来说是比较盛行的，艺术不限于在艺术圈自己玩耍，而是在行业里进行交流和互动，这个互动的过程是不是跨界是两个方面，一个是艺术方面，一个是别的行业会给艺术带来什么，另外是艺术进入别的行业会对别的行业产生什么影响。比如说吴老师和科技公司进行一个长达三个月的合作过程中，科技为你的作品带来什么，通过你的了解，你的作品作为一个艺术品，对他们的科技公司在他们整个行业或者是从业者中有什么样的启发或者影响？

吴少英 这个增强现实技术软件他们已经研发了好几年，他们在一些场景上取得了成功。比如说图书，下载的软件可以在一些图书上面运用。比如说用 Ipad 对着的图书上某一个图，你可以看到图上的人物在动，这个技术在商业上也已经运作了一段时间了。但是他们说，你的水墨和艺术与增强现实的技术的合作还是第一次，他们觉得是第一次的合作。他们的工程师跟我一起合作很开心，想不到这个技术除了可以用在产品上，还可以用在艺术上。在这个产品上可以把艺术的水墨和传统结合在一起，这一点他们也没有想到。当我把影像和图片发给他们之后，他们认识到原来是可以这样的。后来这些作品就一拨一拨地陆陆续续显现出来。

通过这些合作，他们觉得对他们来说是有一个发展过程，希望我跟艺术家还有艺术团队的人交流，可以跟他们联系，就是说这个技术可以很好地利用。然后把这个技术用到艺术上来。这个技术是一个媒介，艺术家怎么样去利用它是一个重点。

宋继瑞 作为艺术圈跨界，包括和科技及一些时尚品类的跨界。这个过程中，你们最看重的是什么？对他们来说，能够给艺术带来或者是说我们用艺术能够影响他们什么呢？在两方接触的过程中，也有很多这样的实际案例有没有什么能给大家带来比较特殊的思考？

陈 琳 我想先说一下，不然的话，等赵老师说完了我就无话可说了。我们现在接触的信息不是特别多，我们和一些艺术家正在谈，我们前几个月在圣之空间也布了一些展，和产品和品牌也进行过跨界的合作。就我现在接触到的跨界合作的案例，我觉得更多的是这样的，应该是说跟艺术和生活相结合，我想就是说我们日常的生活中有艺术元素的介入，这种产品也好，或者是说服务也好，这样的品质提升了很多，因为艺术可以说是为人类智慧和文化中非常高级的一个结晶，把艺术生活化，我想是艺术和品牌跨界合作的一个核心的精神所在。

比如说我们现在，我想大家接触的也很多了，因为艺术的衍生品，这几年也逐渐被开发得越来越多，像台北故宫前几年做了一个完全好玩的作品，把古代雍正皇帝时代的文物、艺术品、手书，做成了贴纸，大家都非常的喜欢。我觉得就是说这个跟吴少英老师的互动的创作，是有非常多的相通之处的。就是说艺术是不是应该局限在殿堂里高高在上？答案是否定的。

我想艺术跨界的这种合作，就是说要把艺术生活化和我们平时日常的东西结合在一起，这是一个非常好的渠道。

赵 力 你把我要说的都说了。我说的，刚刚主持人的问题是讲跨界，我们跨界的目的是什么，像陈琳说的，让艺术更生活化和生活更艺术化一样，这是从两个角度去看待问题，可能是一个问题的两个答案，或者是说一个事情的两个方面。

我的观点是能不能把这两个方面结合起来，真正的跨界并不是说你到我的地盘上，我到你的地盘上，我们也看到了很多品牌，有些品牌很可能逐渐地把大家搞晕了，或者是说把风气带坏了。现在互联网企业奉行一种“入室打劫”，这个地方不是我的，我进来然后把这里打乱了。我觉得艺术里面应该保留一些规则、真理，包括创新、创作和市场有一定的距离的感觉，这就是说艺术需要一个独立的环境。但是我觉得如果说跨界是一种方式，就像我经常举例子，叫做父亲和母亲的关系，生出来一个孩子，这叫做真正意义上的跨界以后发生的效果。一个父亲和这个母亲，没有血缘关系，是两个区域的，或者是说一个来自于河南，一个来自于北京；再有就是可能学的专业也不一样，但是这两个人生了一个孩子，这个孩子是他们两个人的孩子，有他们共同的基因，这是一个新事物。就像跨界是一种新的产物，这个产物来自于两个方面，对两个方面都提供了新的风气。

我看到一些品牌或者是其他的东西跨界了以后，有一些方式方法出现了很大的变化，比如说一些品牌的推广和行销，所有的方式和艺术的方式都是一样的。我觉得这个角度来说，艺术和商业结合起来的东西，变成了更艺术化的一种方式，我觉得这是一种创造。在另外一个方面，昨天开幕式进行的同时，有一个机构来找我，他说我能不能跟我们的年轻艺术家去合作一个项目，这个项目是用 3D 打印的方式做各种各样的创意，我觉得这个有意思，这个使吴少英的平面艺术变成了一个 3D 打印出来的立体艺术，这可能又是艺术的一部分，或者是说一种新方式。如果水墨画通过 3D 打印，打印出来一种软绵绵的有虚拟感的东西，而不是更硬挺的水墨。我问他你可以打印什么，他说不锈钢、木头等等的，你要什么材料都可以用。我说能不能打印出软软的东西。我觉得有可能，艺术的创作也是从这个角度来说，对一个技术的再次延伸和发展有很大的关系。

包括刚才吴少英提到的虚拟的技术，我记得有一个电视片在法国是街头上有很多的广告牌，人们对着广告看的时候，用手一拍，从广告牌冒出一个大象冲出来就吓你一跳，有的时候那个广告拍汽车或者是车展的牌子，一拍的话，车从那个广告牌出来了，你好像急着要上车了。所以当艺术变成了一种新的虚拟技术以后，就成了非常有感觉的生活化体验。

所以我觉得艺术和跨界并不是入室打劫，而是相互之间找到一个亲密的爱人，共同生出一个漂亮的孩子。这样的方式就是看谁有爱情、谁有感觉或者是谁选择了什么，是否两情相悦。我觉得这才是真正意义上的跨界，你中有我，我中有你，但是还真不一样，这是一种很好的方式，我期待这种方式的出现。

宋继瑞 像前一段时间美术馆的新媒体展览，艺术家有一个想法，然后更多的是通过一个技术或者是说一些其他的手段来实现。像在艺术和技术之间来看，作品呈现的观点可能是艺术家的观点，呈现的方式是纯对艺术呈现。吴老师是有技术，也有想法，我们现场可以看出来，和水墨相关的，也是和这个技术相结合的。但是如果在展览上，很难看到这是一个水墨的或者是说一个油画的材质。我想问一下吴老师，我不知道这次美术馆的展览对你的创作有没有什么帮助。

吴少英 这个不太好意思，今年真的没有去看，我一直在和科技公司研究我们的技术。但是新媒体艺术领域里面，我真的是很关注的。这是在 2005 年，2006 年的时候，有机会参加了一些展览，韩国、日本、德国，他们的新媒体和科技艺术已经做得非常好了，就是说因为他们看得到的科技艺术好，这是2006年的事。我现在想，如果说把什么方式可以用在我自己的作品上，然后差不多过了 7 年的时间，一直在找，一直在想。然后我陆续参观过一些展览，每次都在想，每次接触后都被人家否决，人家觉得这个技术没有希望突破。后来我们想出了很多关于声音、关于网络的互动和一些其他的互动，再把影像配合一起，但是别人都觉得很难。然后到今年年头的时候，他们说有这个技术手段，我觉得有一点希望了，重新来通过这个技术呈现。我觉得这个东西很难。赵老师刚说了，像两情相悦，我找这个技术好几年了，都找不到。今年年头才刚找到这个人，找到这个技术，大家都很开心。因为他们原来是用在商业上的；用在艺术上是第一次。然后希望我们以后会有更多的这一类的作品会出现，把范围放大，甚至是说把这个现实感更强烈地去呈现。

宋继瑞 新媒体面对一个艺术技术化的问题，或者是技术艺术化的改变。我想知道两位对艺术技术化和技术艺术化，像吴老师说的更大的展现对新媒体的展览，比如说中国美术馆新媒体的展览，会不会和新艺术家有一些比较好的合作呢？

陈 琳 我是这么认为的，因为新媒体的展览我也去看了，我个人的感觉是他们的呈现肯定是科技的成分占得多一些，而不像吴老师的作品，或者说视觉艺术创作的艺术感更强烈。再有一个就是我在想这些概念相互的纳入、涵盖的问题。因为像赵老师刚才说的，这个新水墨现在还是一个值得讨论和商榷的概念。不是一个非常准确的概念。只不过学界是为了在做研究和讨论的时候方便称呼，才提出来的这么一个替代性的说法。有区别于那个比较成形的传统水墨。

新媒体艺术可以说相对来说有一个比较明确的概括。但是，它的边界也不是非常清晰的，而且就整个当代艺术而言，当代艺术的边界是在逐渐扩张的一个趋势，所以我想，就是说吴老师的作品如果说被新媒体展览的策划人看到了，肯定是非常有可能被邀请加入到新媒体的展览的，因为她的确是运用了新的技术手段来呈现他的作品，这一点是没有问题的。

吴少英 我也希望我们的展览能够被新媒体艺术展览所认可。

赵 力 我们这次展览，完全是秉承当代水墨的概念与水墨艺术家们合心举办的。我们的项目首先是研究中国的当代水墨，但是我觉得，在长期的自己策展的各种项目不是这样的，我们把当代的艺术，不按照画种来分，不按照介质来分，变成一种可以提问的概念的展览。

比如说前几次策划了艺术群展，在德国做的展览里面也有很多是真正意义上跨界的东西。在这个跨界的展览里面，分介质来进行策划和展览里面，我特别关注的是水墨这一块。我觉得好像逻辑上，今天的赵老师有一点神经错乱了。但是实际上是这种感觉，我个人认为水墨的特殊性，就像昨天一个在德国很长时间的华裔艺术家进来以后第一句话说：“我看了一下水墨的展览，我不会认为这是水墨的展览，我会认为是一个有中国身份的、中国文化传统的展览。我觉得这种展览使得我们看到了和在西方看到的东西完全不同的东西有所呈现。”他看到的是特质。

所以另外一个，是水墨的特质，也因为在一个大的当代艺术范围里面更能够有自己的这种标志性的或者是说他这种细腻性的特质。

所以我在一个大的展览里面，经常会选择一些水墨艺术家来参展。只有在这样大的当代艺术环境里面，水墨才会更有突出的表达力。

从另外一个角度来说，中国当代艺术的核心，当然有很多的核心，其中一个核心是以水墨为感觉的或者是说以水墨为介质、以水墨为语言，以水墨为观念的这一块，这样的一种存在的价值。如果拿到国际上，会在国际范围内产生巨大的爆发力。

所以吴少英的作品这次并不仅仅是说参加了一个水墨展览，更多的在于把水墨的参展方式建立到一种当代的语境里面去。在那样的一个空间里，像在新媒体的展览里，你用的也是新媒体的技术，正因为你的水墨感觉水墨内涵和精神性，或许会产生很大的影响，有很强的视觉性。或许你的意义也是因为他们的存在而你存在了，或者是说你更存在了，大概是这样的情况。谈到其他的话题，就是说在高科技的技术这个方向上，我觉得技术上，现在有人提出了技术的美学，技术本身就是一种美感，就有一种美学。西方随着工业革命以后出现了很多的围绕着机械、运动和人的制造所产生的一种新的艺术品的创作形式。比如说在 20 世纪 50 年代、60 年代会有这个运动的艺术。还有一种是现在出现了光线的艺术，光效应的艺术，这是法国有的，后来全球在弄，美国也产生了很多的这样的艺术家，比如说霓红灯管做的各种各样的艺术的形式、概念的结合，这也是很多的。除此之外，像刚刚提到的互联网的形式，包括知名的艺术家用互联网的形式去创作，比如说 iPad，或者是说苹果的手机，最近的一些作品是用这个手机的绘图软件进行创作，创作完了以后储存，然后发到画廊，然后由画廊打印出来，进行销售。一件一件的作品，因为原作，比如说油画、丙烯作品，或者是像现在的也是英国的暂时的国宝级的艺术家，几千万的美元，平均的作品是几百万美元；还有更贵的作品，但是他的作品的售价，当时的记载是两千八百美金这样的一份打印作品。如果你的画值一万块钱的话，你可以把所有的版本，包括手绘的储存的母版和记忆，全部买断，大概是一万五千美金，都全买断了，你就拥有了无限次打印的可能性的权利，当然你要得到艺术家的授权。

这种新技术的出现我觉得是对艺术家有利的，一个伟大的艺术家和知名的艺术家的作品进行普及性的销售或者是让人们认知，有一个很好的方法。

还有一些艺术家是反商业的，他通过高科技的方式，通过无限下载的方式，把艺术的授权平分给所有喜欢他这个艺术家的人，我们叫做粉丝，如果有一万个粉丝就会有一万个权利，每一个粉丝不能独立拥有这个作品，但是呢，他们都拥有一个下载的那个权利的几分之分，你都有权利来分享，所以他这一点改变了一个艺术作为所谓的有钱人的收藏品或者是投资品，变成了真正意义上平民的艺术，大家喜欢的艺术，我觉得这些都是非常好的概念。我觉得科技带来的，是一种理想，这种理想包括了艺术家的创造力的实现，也包括了艺术家的社会责任和分享的意识，甚至是一种人格魅力的呈现，我觉得这是一个人为什么要使用高科技的原因，或者是说我们认为这是一个真正意义上深度改变自己和改变别人的方式的一个最重要的价值观。所以我觉得技术如果用不好的话，你可以杀人，但是技术用得好的话，可能就是一个普惠，大家可以分享价值的一种产品或者是可能性。所以我有各种理由赞成这种做法。我也希望吴少英能够把这个路走得更宽，把这件事做得更大。然后坚持你的真正的艺术理想。这种自我分享的价值对现在的商业社会也有一定的冲击力。有很多的艺术家这么想，她并不惧怕这种商业的压力，甚至是顶着商业的压力使其变成一种新的人格魅力。

东方精神时空观

—学术对谈—

[时间]2014年9月9日

[地点]圣之空间

[主持人]阮晶京（中国现当代美术文献研究中心总监）

[对谈嘉宾]于继东（参展艺术家）—祁庆国（博物馆学、文物学专家）

阮晶京 | 于继东 | 祁庆国

阮晶京 各位朋友，大家下午好，欢迎大家来参加我们中国当代青年水墨年鉴展的第三次学术对谈活动。今天对谈的主题是东方精神时空观，我们邀请到了两位嘉宾，一位是参展艺术家于继东先生，另外一位是博物馆专家祁庆国先生。于继东先生毕业于中央民族大学美术学院，专攻人物画。现在他的作品融合了综合的材料和装置。首先第一个问题想问问两位先生是如何结缘的，可不可以介绍一下这方面的情况。

于继东 我和祁庆国先生结识比较偶然，与工作有关。我一直跟《中国国家地理》、《中华遗产》合作一些考古的绘图，祁庆国老师是这方面的专家。我在作图的时候，与他建立起一种合作的关系。艺术家在考古理解方面还有一定距离，在考古复原和保护方面需要依靠像祁庆国老师这样的专家进行鉴定和学术支持，我们才能有能力把复原图做得更到位。因此有很多的问题要向祁庆国老师请教。

祁庆国 这个过程就像于老师刚才介绍的那样。我们文物博物馆工作者对艺术家非常关注。我觉得介绍文物时需要有一个更有效的方式——把文物的样品摆在展柜里，观众欣赏起来是很吃力困难的。但是我们借助艺术家的表现，就会将文物以艺术呈现的方式深入浅出地展现给大家。

所以那个时候我和于老师在这个方面做了很多的探讨。

阮晶京 我看到于老师是毕业于中国画专业，主攻人物画。我们知道，近代的中国美术教育遵循徐悲鸿先生的写实创作，第一次看到您的作品是这样一种抽象的面貌，我还是挺惊讶的。我很好奇，您是如何从一个写实人物画的系统里出来，转换到现代水墨的抽象线条的？

于继东 当你一直在做一件事到达一定程度后，你会怀疑它是不是你自己的语言，尤其是做艺术。每个艺术家都应当考虑这种创作是不是你自己的语言，适不适合你，是不是你心里想要的。当我在研究生快结束的时候，突然发现学了这么多传统的技法、造型方面的技能以及表达方式，但这些和我内心想要的东西相距甚远。我觉得是不是需要改变一下，去寻找内心深处真正想要的东西。那个时候转变已经开始了，发生了一个由量到质的转变。

这就是为什么我同时进行着线条的探索，还要同时进行慎密精细的插图工作。我在做插图工作时，和专家们聊天学到很多知识，这让我能够很严谨、很细密地以逻辑思维的方式缜密地思考一个问题，把它系统化，琢磨出重点在什么地方。我会通过逻辑思维，然后再把感悟一步一步地表现出来。抽象绘画是一种新的表达方式，跟我们日常的工作和行为都有很紧密的关系。

阮晶京 谢谢，我看祁庆国先生是历史系毕业的，同时也做文博方面的工作，相信您对传统文化的理解也是非常深刻的。水墨本身是一种传统的中国艺术，您是否可以结合于先生这样很多具有创造性的作品，分享一下您这方面的想法。

祁庆国 跟于老师最初接触是在我看到他在杂志上做一些偏向于实用性作品的时候。当时我就看到了他的深度。我们做博物馆工作会请画家为我们做很多各种解读性的绘画，有一些画家虽然技法很好，但是说实在话，没有什么深度。于老师虽然比较年轻，但是他有深度，因此给我留下很深的印象。作为历史工作者，看到他创作的这些抽象水墨画，我想就艺术在社会上的价值和作用谈谈我的看法。好的艺术家应该是比普通人走得稍微快一点——也就是说，他们在思想探索上比别人要走得快一点，要超前一点，应该对社会上的公众在思想上给予启发。

于继东老师所做的新水墨及其探索，来源于传统的水墨艺术；但是它借助于新的思想、新的精神、新的内涵、新的形式。他的作品，可以让公众尤其是年轻一辈，突破原来的思想，重新认识我们的世界，重新认识我们的传统文化，从而起到一个非常好的启发作用。他的作品可以使我们很多的年轻朋友好好思考，我们的艺术在古代、在今天的样貌以及发展。于老师的作品让我们在思想上有所启迪。

于继东 我们回到这个题目上。现在，国人普遍缺乏东方精神。西方精神和东方精神之间是有差异的。西方人关注的精神体系和东方人截然不同。我们要把握我们的优势，将其挖掘出来，而不是像西方精神那样注重形式。如何将东方精神融汇进我们的生活，带给其他人一种观念与感受，这是一个值得思考的问题，

2014 —

可能会牵扯到生命的经验。另外我会用综合的感知去判断这件事是否能够向前发展。我觉得中国所谓的东方精神更多是一种行动力。我们一说禅、道，会觉得虚、空泛。他们注重的是什么，是一种行为方式。每天打坐，打扫庭院，上早课，然后接着念经，做功课，练丹，这些都是一种行为。老子的《道德经》是一种说道，不是一种说教，这一点很重要。不管是艺术家还是其他从事不同职业的个体来说，要从日常行为不断地去感知，感知自我与自然的关系。这在当下对于艺术家是尤为需要的。这种东西可以直接给你带来对自己的反醒和认识，不管是创作还是观看作品，对每个人来说都是很有用处的。

阮晶京 于老师说了他对东方精神的理解，我想听听祁庆国老师的看法。

祁庆国 我想从我们观看艺术家作品的体会层面回答这个问题。大家可能注意到了，当代艺术有很多作品是一种很热烈的、令人震撼的效果。可是于老师的作品基本上不是这样的。

我们会看到那种沉静与深邃，看到一种很宽广的空间与胸怀。如果我们认真思考，不难发现其中与东方精神有一脉相承的关系。在中国的传统文化艺术中，宋朝这个时代的精神或者文人的气质是最受推崇的。我们看宋代的瓷器、绘画和作品，都是这样。到了明代也有这种风格，到后来的文人画，都是有一种内在的很沉静的精神，很含蓄的表达。最初我看到这些作品的时候，虽然画面是非常静的，但是有很强吸引力。这种吸引来自于中国的传统和精神。人文的气质在延续，在流淌，于老师的作品中对此做了很多的探索，并且以多种形式来呈现。包括在这个展览中展出的作品，用纸塑墨块借喻山峰结合宣纸白色的衬景，其实已经脱离了原来的水墨山水画的方式，很强地传达出了东方的艺术的审美精神。应该说，这是在艺术形式上一种很成熟的表达。

阮晶京 您将于老师的作品解释得真是非常到位。无论是西方哲学，还是您刚才所说的对道、对禅的理解，会强调一种知行合一，也就是要把感知和日常结合。您的作品之前有对线条的演绎，您现在创作流淌用的是滴壶，好像脱离了笔墨纸砚，好像达到不受材料拘束的境界。这其中有一脉相承的地方，是吧？您觉得传统文化和当代艺术创作相结合以后应该是一种怎么样的呈现呢？

于继东 这个表达首先是我个人主观的创作形式，也是在我艺术创作到一定程度的时候会自然表现出一种方式。我觉得水墨可能会限制艺术家，因此我会用各种方式。我认为把要表达的东西表达出来，才是最关键的。我将对禅的理解、对自然的理解融合到创作里去，这种行为的方式导致了一种单纯的结果。不光我们的技法要用减法，思维也要做减法，艺术家要更单纯一些，应该是明心见性，直指人心，这样的感觉比较真切自然。比如这次展览我做的这几个装置，很像考古时在地面上突然挖出了埋在土里只漏出半截的文物。它会给你一种气场，你会通过这种气场去感觉它。这也是一种艺术创作，应该利用自己所学的专业知识跟他建立一种联系与对话，将我们刚才所说的概念融入进去。唐代的罐子，宋代的瓷瓶，它身上凝聚的不光是那个时代工匠的印记，而是埋在那个地方并且经过了多少朝代背后发生的故事。它们都凝聚在瓶子身上，给你带来一种气场，你会被这种感受所感染，被这种气场所感染。

阮晶京 刚才听您对于创作的感悟，觉得考古对您的影响特别大。我们以考古的眼光看一件文物，一定要将它带入到历史中去。在祁老师你们的博物馆展览工作中是不是也在追求这种对于历史的还原。

祁庆国 现在博物馆在做展览的时候和过去有很大的改变。过去比较多的是陈列一些艺术精品——会选择一些很漂亮的图，造型很精美的文物去陈列。现在，博物馆在转变，强调办主题性展览，围绕一个主题、一批文物以及相关知识进行表现。如果说以后于老师办回顾展或者是主题性展览的时候，可以有一些辅助性的展品——除了这个作品本身之外，可以把作品形成的过程、特别是创作最初探索的时候，将一些半成品等等陈列出来。这样可以帮助观众理解这个抽象表达究竟是以一个什么样的涵义和思想，什么样的观念，借助什么样的手法来表达这种观念，而这种手法又来自于何处。对于中国的观众来说，对当代艺术的理解，实在是缺乏。在我们中国的美术教育中，对当代艺术的教育是空白，所以需要我们创造这样一种方式。

阮晶京 您的建议很像我们做展览的时候非常强调文献的意义。这个展厅分几层，当时于老师一眼看重楼梯拐角的位置，对展览空间还有展览的效果非常有想法。包括墨块在墙上或者地上的分布，形成了一种空间感。宋代的文人追求这种山水意味，我感觉您好像把它转化到了您的作品中，我想听听您对所谓时空观的理解。

于继东 我对于空间的理解非常东方化。东方人更多注重的不是外在形式，而是内心的感悟。我认为西方人对于事物的认识是从外到内的，而中国人是从内到内。比如说美术馆这样的空间，在你心理的构建和现实是不一样的。我认为艺术家现在应该突破画廊、美术馆对你的空间限制，你的作品应该超越空间，达到你想要的目的，这一点很重要。这次展览，我在墙上的作品和在地上的作品有一个呼应，这是我的理想。大家进入美术馆、画廊的时候，不经意的时候已经进入我的作品了，一步一步地在感知。等他们想明白的时候，已经被这种氛围所笼罩了。

对于艺术品来说，如果没有空间去反衬，这个艺术品就会被空间吞食掉，或者是被空间忽略掉。所以说怎么样认识到空间对于作品的影响是当代艺术家应该认识到的问题。我们观赏一件作品，考虑的不仅仅是作品本身还应当有空间。我不希望大家每次进画廊来或在美术馆围着作品绕一圈没有感觉。对于我来说重要的不是这个，而是作品周围的空间。每个艺术家要对不同的作品有不同的感悟。既然创作了一个成型的作品，思考它在空间里的价值怎么样去实现是很有意思的 。

阮晶京 谢谢，于老师说了他对于艺术特别的看法，特别强调了东方和西方的空间观的不同。祁庆国老师可以从考古层面谈谈您对中国传统的空间观更多学术上的理解吗？

祁庆国 我想从于老师的作品进入这个问题。这个展览里面有一个作品叫做《仰望》，表面上来看这个作品是一个平面的，并没有表现什么纵深的图像，但是我们感受的是巨大而深邃的空间。对于中国的艺术家来说，平面和三维的立体空间可以是一个整体，可以互相转移、相互跨越的。你看我们中国传统的绘画，并没有像西方的焦点透视很写实地来构图和安排画面的，而是随文人的想象，随着作者的情绪去安排山，安排树，安排石头。最后的安排并没有很零乱，让人觉得很合理。这是东方的一种对世界的认识，对于认识所提炼的非常高明的境界。我觉得这种技法在现代可以通过于老师的作品中体现出来。

于继东 这个价值在于艺术家的责任感，并不完全指商业价值，而是这个作品给后面的年轻的艺术家以及学生提供一种可能性。这种可能性是认知的可能性——让大家去思考，觉得这种方式还能够继续扩展，还有一种新的表达方式。让大家思考作品价值在什么地方。

艺术家应该有更多的社会责任感。你可以以一个非宗教的方式呈现出来，或者创造出一种精神上的宗教。艺术家要对艺术作品有审美感、责任感。做出的作品应该是精神上的升华和提炼，这样的话可以指引更多的人进行一种深层次的对艺术的思考。这种思考不光是艺术方面，也可能是人类生存方面或者更大的范围。我觉得这是艺术作品真正的价值和意义所在，我觉得一个艺术家如果能够把这个点放在首位的话，他的作品不光是有力度、有深度的，而且是能够走得越来越远的。

阮晶京 的确，美术达到一定高度以后，需要一个崇高的东西去指引。祁庆国老师对于艺术的这种不确定性怎么看。

祁庆国 艺术家的思想高度决定了他在艺术上的高度，如果一个艺术家的思想很平凡的话，他肯定是一个很平庸的艺术家。对于艺术家来说，一定要在思想上有所探索和追求。我们回首艺术史，那种开创性的艺术家，其实都是对世界的感知和认识上有很多的突破，所以才使得他的创作上包括技法的表现，这些方面是肯定的。

阮晶京 谢谢，两位的看法有一些能够互补的地方。于老师作为艺术家和作为考古研究工作者的祁老师之间有一种精神上的关照。我觉得今天两位在这里座谈，是一种天作之合。非常感谢。现场的观众朋友们，有什么问题想问两位嘉宾的。

提问者 于老师，我想了解一下在艺术探索方面，您在最艰难的时候是依靠什么支撑的？

于继东 对于我来说，最艰难的时候，其实是认知并不清楚而且对自己的探索带有一种彷徨与犹豫的时候。在当下，没有人会活不下去，所以摆在艺术家面前最艰难的是你的创作。不知道怎么创作，这是最痛苦的。我当时是一边工作，一边创作，让自己分散一下精力，同时梳理一下自己的情绪和脉络，看看什么地方出问题了，自己陷在什么地方。当你慢慢地离开这个纠结点的时候，你会发现有一条新路摆在你的面前。这可能对于很多艺术家来说是一个很慢的过程，需要几年的时间，甚至是十几年。怎么样才能渡过你的难关？我想很多的艺术家，包括学子必须要坚定自己的信念。你可以不信任何的宗教，但你可以在自己的内心深处有一个宗教，那就是你的希望。你要坚信你可以，然后才能坚持走下去，才有可能获得成功。这是一个很艰苦的道路，摆在我面前的高山很多，很多艺术家会去创作，会表现自己

的想法，你要不断地超越以前的艺术家，要付出更多的努力、更多的代价。要坚定信心，有希望才能渡过难关。

阮晶京 于老师给了我们很大的信心，还有其他的提问吗?

提问者 我对艺术的理解是一种语言的表达，而您的作品中只有黑白两种颜色，为什么没有灰色呢?

于继东 也有灰色，我把蓝色当成灰色来用了。我觉得灰这个色彩的感觉是建立在一定的认知系统上的。我是把灰色当成架构整个作品体系中的一部分，比如现场布置的作品，上边是黑色，像山石一样，还有对应的蓝色。木板的平面会使人想到山水。我的作品中没有水，但是那个蓝色会让你想到水的感觉。这是一个呼应的关系，我想建立的是绘画和装置作品的对话关系，这种关系是不需要言说的。我希望把色彩消融到时空当中，让你去想象色彩，依靠色彩去产生一种感觉。

阮晶京 您刚才这样一说，我想到一个忽略的地方，现在很多艺术家创作的时候，总会想到作品的预期效果，观众的反应。您在创作的时候有这种预期吗，还是说也是比较随心的?

于继东 我和祁庆国老师在座谈之前还聊到了这个问题，中国的广大艺术爱好者和群众，需要提高综合的审美能力。我们的很多观者还没有建立起来自己的审美体系，他们在欣赏过程中依靠以往的审美经验。他们已经远远地落后了，我们的群众应该是建立起一个综合的审美体系，应该普遍提高大家综合的审美素养。

阮晶京 祁老师您跟于老师的想法有没有不谋而合的地方?

祁庆国 我看于老师作品的时候，我们俩也交流过，想法差不多。当代的艺术是这样的，每个人可以有自己的领悟，当代艺术可以给我们现代的人带来思考，带来思想和突破。当代艺术在思想上突破了原来的很多框框，所以很多人在理解当代艺术上并没有找到理解当代艺术的钥匙。

阮晶京 非常感谢。我们今天的对谈活动就到此结束了，谢谢两位老师，也感谢各位的参与。

绘画的重新发生

— 学术讲座 —

新媒体时代，人人都成为了图像艺术家，一部手机就可以制造现实的超现实的抽象的图像和动态视频。光速传输和覆盖，已经使图像有了视觉灾难的性质。绘画这一图像制造的始祖，自照相机发明起就不断调整自己的身位，以保持存在的意义。至今，它仍然不得不继续调整自己，以跨过图像制造的绝境。『中国当代青年水墨年鉴展·入境』参展艺术家姜吉安对这一问题有着自己独到的见解。

[时间] 2014年9月12日

[地点] 圣之空间

[主持人] 姜吉安（参展艺术家）

姜吉安

欢迎大家光临，这个展览是中国美术文献研究中心做的巡视性展览，策展团队安排我做一个讲座，介绍一下关于水墨创作的相关心得。今天我的题目是绘画的重新发生。这个题目主要讨论的是绘画问题，不是讨论影像，主要是讨论绘画，为什么不叫水墨为主题呢？我讨论的题目不是水墨的主题方式，而是绘画为主题，我的讨论不光是针对水墨，而是针对西方绘画，中国绘画在当代一方面需要超越传统水墨的经验，同时也要超越西方美术史或者西方绘画史的经验，在中国和西方传统之上的东西，这是我认为比较理想的绘画的状态。绘画的转向和重新发生这个事，它一定是要发生的，如果没有转向和重新发生，就没有绘画史可言了，这里包含了一个常识，绘画转向与重新发生，不是颜料用的多少，这个常识是绘画重新发生新绘画现象，出现关键是内在绘画的价值观念和方法论的转变。对艺术内在转变的关注，会引领艺术家进入艺术的核心层面，是艺术思想重建的维度。

西方绘画从古典主义一直到非艺术状态，它经历了很多变化，这些变化的原因都是和那个时代的思想环境和社会文化相关的，而不是绘画自身的东西，这就说明真正驱动绘画的是什么呢？是不同时代的思想环境。对艺术家来说，对思想介入的程度，这个角度是最重要的，否则就跟这个时代没有关联性。大多数都是艺术的爱好者，否则很难理解到这个层面。第一张图是安格尔古典主义，他的古典主义的思想状态是跟当地启蒙运动有关的。第二张图是浪漫主义，这是法国大革命对启蒙运动不满所形成的作品。第三张图是现实主义，他们当时和思想界唯物论和实证主义的思想环境是有关联的。莫奈的印象派，利用光的成果。塞尚的后印象，那个年代是照相机发明的年代，所以他们对图像的压力是要回避的，所以他的绘画出现了在现实当中的静物。还有毕加索的立体主义。

2014 —

表现主义有迷彩的意志论思想，超现实主义它重要的思想根源就是精神分析，在当时思想界流行，它影响着文学、绘画、音乐等等。它是在这种思想状态下出现的。最后一张是安迪沃霍，一个思想家面临同样时代的问题，这个时候同样问题作用于他，他在艺术中会共同发生，也有可能是呼应的关系，艺术和绘画、思想领域和绘画领域有相互自我形成的状态。这是罗斯科的抽象。到了杜尚把之前所有的绘画都否定了，艺术就是现成品。同样，唐代佛教绘画，跟佛教的关系就不用说了，这个时期也有一种代表儒家思想的绘画，比如说女史箴图，第二张是历代帝王图，当时的皇帝很胖，所谓儒家文化的等级秩序的一个表现，这两张是儒家绘画典型的代表。到宋代的绘画，李成、林椿的两幅画，相对比较写实，与当时的陈土理学有关系，这种特点跟早期的儒家不一样，受宋代理学影响，这个理学跟西方古典主义时期的理性主义很像，有外在和客观的道理需要人们去研究和发现。当然也包含了中国诗的美学在里面，这种认识论这种特点是很明显的。

到了明代，不是外在的，而是由心及理，它对文化产生了巨大的推动作用，与文人画出现的关系很大。虽然文人画从唐代的时候就产生了，最早是王维，最早的文人画是跟禅宗的关系是非常密切的，因为王维当时是道光禅师的徒弟，王维也能写碑文，王维有着佛教的思想体系，他很有潜力。如果说早期的绘画从女史箴图到历代帝王图；那么绘画的转向，到了文人画时期，绘画又重新产生，这种重新产生使绘画的思想和方法论和过去完全不一样了，背后的价值观念也完全都不一样。它绝不仅仅是笔墨、画法、题材、色调这么简单的。

这是我做的发生结构图，它的第一层是经验， 个是我们形成的经验，这个经验包括什么呢？从小到大和长辈无形中教导传给你的观念，在学校教育中的一些知识，这些知识都是传统，每个人身上都背着传统。这个经验是原来学过的，所有绘画那些道理和原因都是我们得到的经验。你如果不守这些经验的话，你只能按照原来的方法进行创作。这些经验和知识，用西方的说法就是梯子的概念，我们获得的所有经验都是梯子的作用，我们掌握它是为了学会攀登的动力，当你掌握这些经验之后，这个梯子就应该扔掉，然后再去打开一个新的知识世界，这就是面对经验就会产生这样的判断。第二是反思，反思我们获得的经验，它的问题和当代有一些矛盾和不协调，没有反思就没有创造的欲望和冲动，而且不反思的话我们不可能有新的历史发生。当你反思达到一定深度和广度就会出现系统化的思想，包含了价值观念的趋向，价值观念会实现思想的方法论。这个价值，你会用相应的方法论去传达出来。最后一层是语言和作品，最后是群体的意识形态和方式，艺术最终的目的地是形成一种生活方式，而不仅仅是作品，一种艺术包含的价值观念随着时间的推移，慢慢沉淀成了意识形态，这会改变你的生活方式，到达这个层面以后，它是艺术最后的障碍，

安格尔 / 古典主义

德拉克罗瓦 / 浪漫主义

米勒 / 现实主义

莫奈 / 印象派

塞尚 / 后印象

毕加索 / 立体主

蒙克 / 表现主义

马格利特 / 超现实主义

罗斯科 / 抽象主

马列维奇 / 至上主义

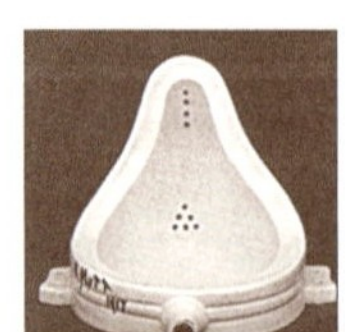
杜尚 / 非艺术

安迪沃霍 / 波普

女史箴图 / 顾恺之

历代帝王图 / 阎立本

读碑窠石图 / 李成

枇杷山鸟图 / 林椿

潇湘竹石图 / 苏轼

任何一个艺术家最后的目标应该都是这个。

这个结论当中比较重要的反思是最重要的。反思不是为了钻研我们的学问，而应该是一种习惯，最好是与生俱来的一种习惯，这种习惯是创造性的。这个艺术循环发生结构不仅仅适用于文化艺术，在任何经济和领域都可以替换，因为政治思想最后也要形成思维方式。中国当代艺术一定要首先发生，因为我们对过去当前的汇报不满，艺术家最重要的是自主性，人的生命要自主，不要成为别人思想的奴隶，不要浪费时间和生命。艺术的自主性可以扩展到整个生活中。艺术家是什么呢？我想给出一个答案，不是社会职业，大多数都认为艺术家就是一种职业，这是错误的，艺术家不是一个职业上的分类，艺术家是马克思说的完整的人，艺术家的遭遇是从思想到价值观念到方法论系统性的遭遇，他背后有一套系统性的东西，这个作品只是思想最后的文化结果。当这种艺术家个体的探索被放大以后，被广泛传播之后，他就会成为一个群体，变成国家整个意识形态和生活方式。它整个系统完整的，不仅仅是会画一张画，他整个的思想系统是成体系的。所以理想对于艺术家来说是不完全的，他在没有被放大，大家不了解他的时候，他应该只有一个国家，他自己就是一个国家，因为他必须有系统性和完整的系统性，他要处理各种思想方法，怎么面对社会，交往，当艺术家有自己独特的套路和方法体系之后，就会变成一个时代整个的意识形态，这就是艺术家的价值所在。艺术家个体的自主性适应哪个国家？在全球化努力下需要自主性的中国当代文化系统，不是老跟着西方走。这 30 多年来，从五四开始就是这样，我们跟随西方已经 100 年了，这 100 年我们对西方的系统已经很了解了，基本是比较全面地了解了，再加上我们自己自身有很大的创作资源，西方不具备的，我们具备两个东西，这两个东西这样混合几乎是 100 年了，到现在已经慢慢成型了。当代思想界的动态，发展得已经很好了，已经有了自主性和普遍性的中国当代文化正在成型。

下面说说绘画的压力和问题，这个就比较具体了，前面是大概的背景，现在我们谈绘画。我们到底面临的问题是什么？“不整全图像”的绘画史。《少年派》用强大的动画技术来制造图像，到最后的表现力是你绘画不可能达到的，所有搞绘画的都想要摄影照相机、电影的那种表现力，都带有时间性，绘画是没有的。《清明上河图》把它做成动画，大家可以做一个心理分析，做这个事的人他的心理是什么样，这个人肯定是相对比较年轻的，他可能看了大量的电影，他看了绘画以后，很自然地就想这个东西怎么不能动啊？他就很自然地想让它动！对时间和动画缺乏的心理才想出这样的作品。这种动态的绘画比静态的表现力要强得多。这个也是动画技术、互动技术在图像创作中超出了绘画的意境。随着技术的发展，将来动态的能力会更强。最后是油画跟《清明上河图》差不多，就是把静画做动了，都是年轻人大量的接触视频电影，就想到让静的动起来。这些都是油画作品，通过技术变成了动态的图像。也是对静态的图像不满足造成的。绘画面对的问题是这样的，你静态的图像压力就很大了，绘画你不得不回避图像，因为不管怎么样，你没法达到电影的状态。绘画者怎么生存，怎么有自主性，所以有这样的作品。

另外一个压力，人人都是图像艺术家，这个事实谁都不能否认，这是来自微信朋友圈发的图像，左侧是拿手机一晃就是抽象的照片，包括写实的各种各样的照片。在图像层面绘画艺术家在平面上做图像，实际是没有意义的，有什么意义呢？所有人都可以很快获得。这是另外一种

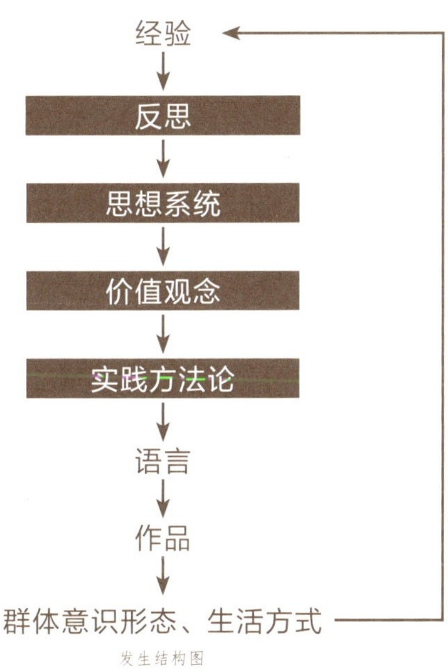

发生结构图

压力，所有人都可以做到。写实就更不用说了。艺术家还在做这样的图像的话就有问题了，最起码自己要死了。

下面是关于传统，前面这两个是西方的压力，对于中国当代艺术家来讲水墨创作不是让我们回到过去的环境，对于古代传统水墨的保护、研究和赞赏都属于收藏机构和收藏艺术家的领域，当代水墨不是固定在过去的形态，不然会形成一种民族的风俗，就像一个旅游村，都穿着统一的服装，它对现实没有作用，只是非物质文化遗产，我们不需要二手的艺术文化，也不需要二手的黄飞鸿，你模仿没有意义，你肯定需要动态地思考一些问题，从艺术与思想的角度来说，墨守成规已经成了过去，我们要思考生活，改变生活。对西方的艺术史，道理是一样的。用水墨画西方的现实主义，我用水墨画城市题材，画农民，就是表现生活，这就是现实，这个方法不是中国的，是西方的，从沃尔贝时期传到法国，法国传到苏联，最后传到中国。对于水墨来讲，能不能在中国当代这种状况下建构出一种不同于西方和传统的新的艺术观念和方法，以及作品，我们看传统的，我们在传统中是没有价值的，而是传统中要有价值的是文明史的部分，思想史的部分，大量的年鉴这些是很重要的。比如说海盗船，就是很自然的诗话美学，我自己觉得比较有价值的重要的思想和方法论，我选了几个，比如说“卢光”，它是对待事物的一种方法。再有春秋战国时期墨家的认识论和逻辑的思想，后来都埋没掉了，包括思辨的这些也有，在水墨里容易人云亦云，我们上学都是这样，好几十年天天听这个东西，实际上这是对经验的一种反思的结果，老师教你的，你就这么做，是你反思的习惯，你就会往其他的领域做研究了。

《夜听茶鼎煮东风》

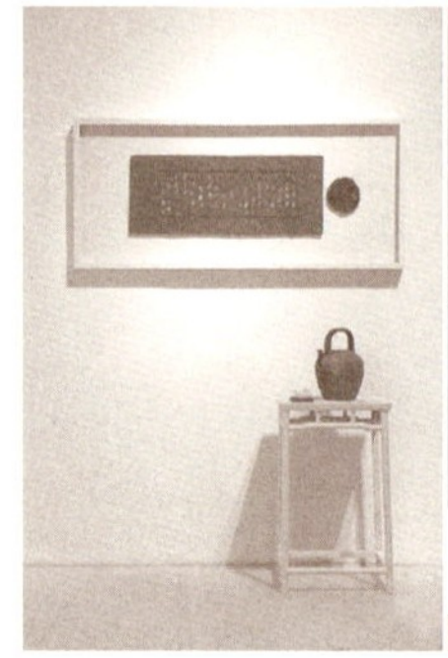

下面是关于我个人的一些体会，从几个角度。第一点，绘画成为物，图像只能以来物的概念存在，绘画本身是这样的，我们看绘画的时候，我们看一张绘画，这张绘画本来就是一个物，它本身是图像，跟图像的关系是有问题的绘画，你把图像剥离掉，就剩下画框、纸、卷、燃料这些都是物，不是图像，所有收藏家收藏艺术作品也是收藏一件物，不是图像，如果他收藏图像的话电影更能满足他，他要的实际是这个物！绘画从一开始它的本性最重要的是它是物，不是图像！这是我对绘画的理解。图像是用传统绘画方法才形成的图像，当代来讲图像没有意义的话，我们要提炼绘画本来有价值的东西，就是物。这些物，对于不反思的人，比如说燃料，他就会想用这个东西画一幅图像，这是习惯，到今天来讲，我一挤出燃料我就想画图像，那你能不能想着用燃料挤出一幅画，这也是一种思路。对绘画材料和工具的理解，如果你永远把它当工具的话是错的，这种工具的属性成为你脑子里不变的概念的时候，艺术家就被这个概念统治了，这个概念把你束缚了，当把这个概念打破之后你会发现绘画本来就是大量的物，图像只占很小一部分。如果还能拥有它的重要性，它可以存在，存在的价值就不能一概而论了，绘画在经历了写实、表现、超现实、抽象、中国的意向、行为规划等等方法论之后，再加上动画、电影、“人人都是图像艺术家”，这几个概念的状态下，图像绘画确实已经结束了，真的结束了！所以绘画的另一半是物质，这种绘画变成物质本身，它是电脑动画所有的图像无法替代的，因为电影、动画的图像是虚幻的，即使再好的 3D 电影，它永远是虚幻的图像，但是绘画变成物质之后，就是图像替代不了的，因为物质本身是实实在在的、有触感的物质，会有一种存在感，是很实实在在的东西，不是图像。

2014 —

这个展览图，这都是用喝剩下的茶叶做的，一部分做成纸，一部分做成图像，把茶烧了以后，做成燃料，都是一壶茶的结果，整个绘画是物本身的转变！它背后的方法论是什么呢？以物观物与感通方法论。以物观物是中国的概念，感通也是，以物观物是中国道家儒家提到的理解世界的实践方法论，包括道德经这里都有提到以物观物，怎么去理解它呢？对传统的概念希望让它有更深入的理解，这个以物观物的概念如果提出来的核心是什么呢？就是用一种物的状态，所谓物是放弃了所有过去的经验，所有的教育都放弃了，在这种状态下就是以物观物，人是一个植物，这个物不是这个概念，它是经过大大思考训练的成年人恢复到婴儿的层面。你是成年人，掌握很多知识，有很强的思辨能力，但是你要放弃这些东西，回到婴儿的状态重新感知世界！这不是被过去任何知识经验束缚的状态，这个状态是创造力最强的状态，如果他是很有创造力的，他必然是以物观物的状态。我觉得这是中国传统文化当中特别有赞赏力的方法，我们跟西方对比的话，西方从启蒙运动到后现代思想这段时期是它的现代时期，西方文化总体思想是什么呢？它的方法论是什么呢？认识论，就是理性地研究世界，同时总结成知识，不断增加知识，这是西方的基本办法，发展背后的东西。这个看世界的方法是将世界主观的东西分开，世界是为我服务的，我研究世界的目的就是为人服务，所谓以人为本，强调人本身，肯定有这种欲望。这种以人为本认识论的思想体系是启蒙运动时期的，又在中世纪末期的时候很有积极意义，因为在中世纪有一种压迫，对人本身的强调、以人为本的强调解放了人，所以有积极意义，发展到后现代时期，这些东西就出现了很多，肯定的欲望就是让人做事要有限制，同时也形成了生命伦理的问题，包括对技术和世界的征服欲。这种东西背后就是西方文化骨子里的东西，政府世界，包括思想和现实。这是西方文化和现代文化的结果。

在西方，他们也在批判自身，批判自身现代主义的问题，福柯是一个例子，他称之为知识型，它是一种型号，不可能统治所有，只是一种型号，而且反思批判，这样我们才会往前走，不然就被之前的知识控制了。刚才说的梯子，把过去所有概念中的梯子掌握后，把决策能力包罗进来再去感知世界，人在很强的训练大脑和掌握大量知识以后抛弃了以往的经验，回到婴儿状态，以物观物这个方法论在西方也可以理解，因为它跟后现代文学思想有一些不谋而合的东西，以物观物包括感通是很动态的，不是先入为主，不是我拿一个经验套上去看问题，不是的，而是放弃所有的经验，动态地跟随事物的变化，这种方法论跟世界本身的变化布局是完全协调一致的，它要求放弃对事物的定义，所有的定义都会变成习惯性，使人麻木，所以人应该随着事物的变化而变化，动态的变化。放弃所有疾病观念的状态，是打开了很敏感的开放的文字，这是人的天性的复活，像达·芬奇这样天性保持得特别好，不然他不可能有那么强的创造性，他过去绘画有很多大师在那里，完全可以跟他学，他为什么不这样做？就是他的天性所至，他觉得过去的观念有问题，他放弃，重新去感知世界。

比如说战争，战场上的形式千变万化，特别厉害的军事，就是智者绝对不会说摆一个八卦，这需要一种天性，对战场的形式有一种感通，你要感通战场，你就能随时把握对方的动向了，这就是很厉害的状态。这种状态，我觉得可以拥有一种最高的知识，绝对不是知识能够达到的，是人可以拥有的最高的知识，是非知识的知识。我消除过去的知识，这种知识是图像的符号，通过这些中介来表达的思想，现在这个中介没有了，来表达自身。这个作品也是，真实的烟斗，抹上粉。灰色的是一份报纸，把它泡了研磨以后做成染料，这是左侧的卷，通过火烧了以后分两部分，下面这块再剪碎以后用火炒，碳化、研磨加胶做成原料，过滤以后是最下面的渣子，染料上面再画一个图像，过滤的渣子做了一个实物，这个实物跟画面有一些关系。这是一块白色的卷，是现成品，是一个物，变成了绘画。第二个是方法论，第三个是现成品和绘画之间。如果完全是现成品的话就成为现成品的作品了，它在现成品和过去传统之间的东西，过去你这个跟绘画材料拼接有关系吗？当然完全不同，我们还是为了做图像的前提下，我们粘贴一些金属啊、木头啊那是材料的概念，它是为了表达抽象的图像，而动用了除了染料之外的其他材料；而我的方法是整个绘画都是一个物种，不是为表达一个图像，而是它就是物本身。这是绘画和人的结合，右侧的一样，在现成品上画的图像。这个是我在 2007 年画的作品，这个作品是在一个普通的水壶旁边，把所有的物品都变成了白色，你现在看到的投影都是用铅笔画的，它也是我所强调的绘画和物和现成品的关系。这个影子是物本身，它不是说在现成品上画山水、花鸟、人物，不是，这个画是物本身的一种状态，但是，人参与进去以后会有不一样的体验。比如说茶壶投影是另外一种存在的方式，这是一种方式。

这是另外一种方式，我们强调日常性，它与文人画这种东西有关系，传统中真正文人画诞生时期的状态，文人画在这个状态下是文人的一种生活方式，琴棋书画都是宋代当时的一种生活，现代的是朋友一块聊天，相互赠画，是玩，提升人的格调的方式，这个方式是很厉害的方式，文人画伴随科举制度成为中国所有文人包括师生、学子的日常生活方式。是一种生活状态。它成为了一种意识形态，真正厉害的是它能够成为人的生活和一种意识形态，不是画张画的概念，这个艺术能够成为一个群体或者一个国家的表现方式，这就很重要了。而且这种状态是很系统的，从世界观到思想性到方法论，到作品是特别系统的文化系统，艺术要做成文化系统而不是一张画，它成为文化系统的过程是很重要的，如果仅仅是一张画就是手艺。所以说民国之后，中国画，我甚至认为从董其昌之后所谓的文人画都慢慢地变质了，越来越向作品转变了！和中国整个文化到了最低潮的状态是一致的，文人画没有文化系统的概念，我个人认为是没有价值的，没有完整的架构，有没有独立的思想性，有没有独特和过去不同的方法路线，没有，只是一张画而已，意义不是很大。在我的这个作品里我比较关注的是尽量跟日常生活接近，让它首先成为我个人的生活方式，我必须先做到位，不然我自己都觉得不舒服就不行了，这要成为我个人观察世界的方式和观察生活的方式。

绘画在当代环境下，我觉得有四种存在方式，第一，绘画成为物。第二，变为日记。第三，作用草图。比如说电影剧本草图，或者其他的草图。第四，作为动画电影等其他工作的辅助。这是在我前面思考之上的。谢谢大家耐心地听。

姜吉安
《丝绢系列及剩余价值》
结构图示

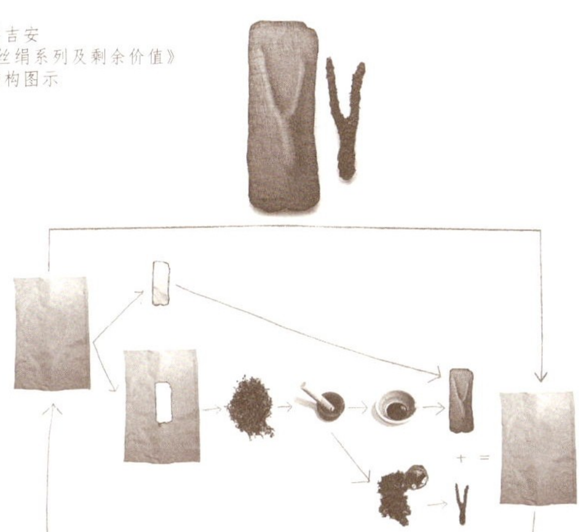

Second Exhibition
Enter Artistic Conception

2014 —

第二回展　入境

［参展艺术家］杜小同｜杭春晖｜李戈晔｜李鹏｜刘琦｜孙浩｜谭军｜曾健勇

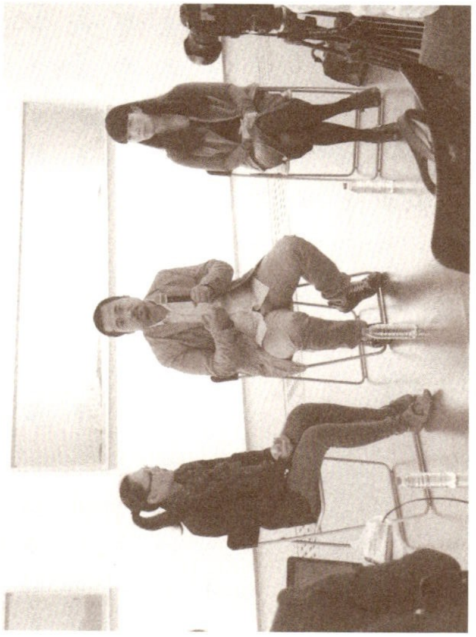

空茫境界与漂游状态

— 学术对谈 —

水墨艺术家杜小同和李戈晔师出同门，皆出于中央美院唐勇力教授门下。二位艺术家一北一南，创作各有千秋却又意境相通。杜小同以布满画面的层层叠叠的灰调子和繁杂的碎笔暗示了生命的鲜活和命运的无常；李戈晔则用漂浮的意象和游动的人体隐喻了当代人的感情世界和生存状态。『中国当代青年水墨年鉴展·入境』参展艺术家杜小同、李戈晔在798圣之空间艺术中心进行的一场对谈，带你走进他们独特的艺术之境。

[时间] 2014年10月11日
[地点] 圣之空间
[主持人] 陈琳（策展人）
[对谈嘉宾] 杜小同（参展艺术家）| 李戈晔（参展艺术家）

陈琳 | 杜小同 | 李戈晔

陈 琳 你们二位的对谈是我非常期待的，因为你们都是唐勇力先生的高足，在创作中又有一些共通的元素，比如近年的作品都选择了人与水这样的题材。杜老师的创作有越来越抽象化的趋向，早期作品中人物是整个画面的主体；近期的创作中人物形象逐渐抽象、简化，在画面中的主体性不再那么突出，尤其是本次参展的两幅新作，其中人物跟背景几乎融为一体。李戈晔老师的创作，尤其是人物形象，我个人认为一直偏于抽象，人物没有具体五官的刻画，都是肢体的形态，也剥离了服饰等社会性因素，呈现的是比较纯粹的人的状态。想请两位分别谈一下自己创作的变化过程以及其中的思考。

杜小同 我的那部分人体作品是 2007 年开始创作的，之前也进行过许多题材的探索。当时的出发点很简单，我刚开始不希望给人物一个身份的限定，所以通过没有场景和背景的人体来呈现一个人更纯粹的或本质的属性。画了大概 3 年左右的人物，大概到 2009 年底，开始发现一些问题。画这类剥离了社会属性的人体，画面单纯而有张力，可同时也少了很多辅助的信息，导致画面显得晦涩，特别自我。那些画面里的气氛主要是渲染和弥漫着人的某种悲苦情绪。现在看来，那时的创作对现在特别重要。从视觉方式和表达的语言上，更多的是一种表现性的夸张的视觉张力，这和年龄和所处的生活状态有关。后来慢慢觉得应该回归到一种更平和的方式上来。包括“人的遭遇”这样的主题。这需要不断回归自己的内心来寻求某种对应，需要转化一种表达方式。

这样在 2010 年底到 2011 年的时候，我开始尝试把人物放置在一个环境中，人物和自然发生关系。我选择了以石头和人体作为基本的符号，将他们关联一起。我没有选择像太湖石那种文人趣味的观赏石，就表现一块顽石，我觉得这样的石头和人特别容易对应，能够隐喻人的状态。后来又尝试了桃花、松树、仙鹤等和人物并置。

再往后的创作中，对生命状态的关注越来越明确。开始尝试将人置于水中，画游泳的状态。画面中人物的形象越来越隐退，不强调具体的人物个性，人物形象如同天、地、远山一样，成为构成画面的基本元素。

我喜欢传统文化的一种思路，在中国艺术中，人的生命状态是会借助花鸟、山水并且通常以“丑”的、枯的、萧瑟的形象，表现那种生命最低点的状态——看起来似乎没有生命，然而在死寂的表象下透射出来的是自然自身最本质鲜活的生命力。“千山鸟飞绝，万径人踪灭。孤舟蓑笠翁，独钓寒江雪。”逐渐的，我的画面开始追求一种旷远、萧瑟、清疏同时饱含厚重的生命体会的感觉，在一个阶段去找这样的状态，大概是这样的过程。

陈 琳 您对人物塑造的方式与传统中国绘画比较接近，借助石头、树木等带有文化蕴含的场景或物象来衬托这个人，通过物的特征和内涵暗示人物的内心品质，而不是像西方古典艺术那样直接描绘人的五官神态表现人物内心。

杜小同 其实描绘的对象、题材并不重要，中国传统绘画题材很丰富，但并非以客观描绘对象为目的，不是简单的陈述。其实是要借助这个对象来进行转换，最后呈现的状态是跟人自身的感悟密切相关的。比如画松树，是要借松树表现人的气节，最终是要回归到最本质的自我生命的体悟。

陈 琳 请李老师讲讲，您是大概从什么时候开始创作水中人这一系列作品？经历了怎样的探索过程？

李戈晔 这批水与人的相关主题创作是从 2002 年陆续开始的。可能是由于性格原因，我和这个世界始终有一种距离感，所以在创作中一直回避客观世界具体的“景”与“物”，希望回归到“人”本身，希望在作品中呈现的是对生命的体验、对人的关注和对人性的关怀。从传统中国绘画的精神来说，写实并不是绘画所追求的目的，所有画面中的物象只是一个精神寄托的通道，通过这个物象来传递内心的一种感触。绘画本质上是一种表现情感的方式，需要有言说，这种言说来自于主观内心的体验，也来自对客观世界的关照。对于我个人而言，水和人的题材正好符合我对世界的观看，符合我情感的寄托。通过这样的物象——飘浮在水中的人，能够传递出我对世界的感受——人生的不确定感、飘浮的失重感和不安全感。

找到这个题材后，我在创作过程中逐渐将一些思考变得明确，慢慢把作品系列丰富起来。如前面所说，我画水中的人，并不仅仅表现作为客观事物的水和人，而是借对它们的描绘寻找一种纯粹的东西。在创作过程中，我逐渐回避了对人物五官和具体个性的刻画，也尽量削弱人物的性别特征，尽量呈现一种中性、纯粹的形象，希望能够在绘画语言上尽量的单纯，在情绪的表达上尽量的丰富，希望作品到达一种单纯而丰富的境界。这种丰富源于内心情感的丰富，而非画面物象的繁复。我相信纯粹的东西会有一种强大的力量，不仅能够支撑整个作品，而且能够直指人心。

陈琳 就像您刚才说的，觉得水中人的形象能够比较恰当地表达你对世界的感受，就是一种飘浮的不安全感，但是我觉得非常有意思的是，您的作品的颜色非常明丽，蓝绿色调的水，暖色调的人体，这样明快的色彩，表现的却是充满不安的情绪和状态。而我之前看过杜老师的一段自述，您说水让您感到安详宁静，您画画时也是类似的心理状态，然而您的画面都是灰色的调子，水也是灰色。很想知道你们在画面的处理和颜色的选择上是如何考虑的？

李戈晔 对色彩的选择其实也是基于个人的内心状态，每个人都有一个独特的内在世界。就我个人而言，希望我的作品是单纯的、纯净的，这种单纯和纯净，体现在色彩上，自然会回避掉一些灰涩以及浓烈的元素，选择比较明亮、透彻的色彩。从某种角度来说，色彩选择也是个人性格、内心状态的真实反映，创作需要回到真我，回复本性，因为在艺术创作中没有办法去伪装，必须很真诚地面对自己。

杜小同 色彩的选择与个人审美观念和趣味相关，我最早的创作是黑白的，纯水墨的，没有颜色。后来画人体的时候用灰色，也很少涉及到比较鲜亮的颜色。去掉所有杂乱，留下最朴素的东西。就水墨艺术的传统来说，也是用最纯粹的黑白来表现世界。传统里的色彩是作为墨用的。绝不会描绘现象中的色彩。我画水从不去海边、湖边写生，因为自然界变化的色彩过于丰富、具体，反而会造成干扰。我的画面中也会出现不同的颜色倾向和变化，但都是基于一种朴素单纯的画面表达，比较接近我理想中水和人的状态，自然的状态。

陈琳 中国传统绘画本身就注重表现性，用色也具有强烈的主观性，刚才听了二位的叙述和阐释，的确感到画面的颜色和整体呈现，跟两位自身的状态、内心感受和生活经历都是密切关联的。还有一点比较好奇的就是，水从写生的角度来说是比较难表现的题材，因为它有很多变化，我们中国传统绘画当中，尤其是文人画系统，艺术家们都非常聪明，会通过几种程式化的方式来表现水，比如说线条性的，或者干脆就是留白，也有工笔画体系的色彩晕染。李老师的画比较明显属于晕染一类，但跟传统手法又很不一样。杜老师感觉是属于晕染和留白结合的手段，很想了解一下，两位在技法的选择上有没有受到传统的某位大家或者某一流派的影响，为什么要做这样的选择？

李戈晔 其实我画水的方法是从传统中来的，在工笔画当中有一种技法叫“积水法”，我画水基本采用这种技法并有一定延伸。虽然说中国传统绘画中没有采用“积水法”画水的，但是这个技法在宋代已经非常成熟，在花鸟画中是运用非常广泛，比如用于画树叶之类。我选用这种技法是结合对水的感触和印象，觉得这种方法更适合呈现变幻莫测的水的形态。对我来说，水是一个意象性的符号，在画面上通过这种符号性的关联，令人联想到水的柔韧、清澈，以及水所具有的变幻无穷的魅力和无形的力量等特质。选择这种绘画技法，是出于意象性表达的需要，也是在不断的尝试探索中逐渐确定的。

杜小同 其实中国传统水墨特别鲜活，没有什么题材的限制，所谓的程式其实是一种高度的概括和提炼，是面对自然时得到的最直接的感悟。我的画面很多借由“地平线”进行主要结构分割，在水的处理上大多采用平涂，同一颜色整个罩染，然后再勾勒形象，再整体晕染，颜色不断积累、融合，逐渐厚重、自然。我画画是比较放松的，在画的过程中逐渐明确所要达到的感觉，所以每张画都会有一些变化，有时候会有一些即兴挥洒的东西，在大的块面上有一些线条的洒落。有时的创作状态会非常兴奋，进入一种情绪。这种情况下的创作很难重复。

陈琳 从您的画面上可以看得出来，如果作为一个系统来看的话，从早期到现在表现性越来越强，越来越写意了，最新的作品中人物都感觉像是随手勾勒的。两位的创作跟传统中国绘画的关系非常深厚，无论技法和很多观念上都是从传统中来的，两位创作的主要元素“水”，在中国传统文化中是有非常多的文化蕴涵的，请问你们对传统绘画中水的文化意义怎样理解？

杜小同 过去接触过包括临摹过很多山水画，感觉水是跟生命联系在一起的，只有山就会很死板，传统绘画中要用水、气、云雾来把所有的生命联系起来。虽然画中的山水、树石是静的、死的，但是通过留白和线条勾勒，使画面灵动起来，将山和水、实和虚之间的关系，通过这种方式把它表达出来了。

我跟李戈晔都是画水，但从出发点到最终所要的东西都没有太大的联系。虽然大家都选择水，但每个人理解有不同，传统有传统的方式，你在面对水、表现水的时候，其实是在思考你自己的问题。首先我画的水出发点不同，水让我感到自由放松，在入水的一刹那我就觉得整个人的情绪都起来了，扎根在水里的感觉。当你在水底，把沙子都弄起来的那一瞬间，会觉得回到自己，那时候你会感觉特别自在。而我画的人不强调生动的姿态，就是简单的几个影子，也不强调透视，想呈现一个状态——人和水自然的关系，水和人带来的自由存在的暗示。

李戈晔 的确是这样，虽然我们都是选择相同的题材，但是表达的情绪是完全不同的。杜小同的作品有一种苍茫的、空灵的感觉，而且在作品中可以看到他对绘画技术性的消解，包括形象、构图、色彩和用笔，画面中的随意挥洒呈现出一种自由状态。我们从学院出来，在很多方面都会有一定束缚，大家都想通过自己的创作走向一种自由，但是究竟能走多远？和自身的经历、感悟力都是相关的。我对生活的体验，对人本质的感受，对生存状态的体悟和杜小同不太一样，最后呈现出来的情绪是非常不同的。我在水中感受到的是失重与无助，是人性的孤独与人生的虚无，我试图逃离对现实世界的呈现，逃离叙事性的描绘，消解沉重的现实感，让创作回归内心，找到一种平静的力量来呈现这种与生活的伤感距离。

陈 琳 我看到李老师这次参展的作品在形态上相较于之前的展览和创作有了更进一步的突破，请您介绍一下思考和创作的过程。

李戈晔 这次参展的一组水墨装置作品是源于我对传统中国绘画于空间上的一些思考。在长期的中国画的学习过程中，我一直在思考传统绘画中空间呈现的方式问题。中国绘画是讲究平面性的，它和油画最大的不同在于对空间的处理。油画利用透视强调对三维空间的呈现，传统中国绘画则是采用一种平面性的处理方式——“三远法”来暗示出物象的空间关系。我一直在反思传统绘画所带来的空间感受和我们当下生活的空间体验之间的关系，我们现在对空间的概念和传统是截然不同的，尤其是在展览过程中，我们对空间的利用和占有、对空间的把握以及对作品的观看完全颠覆了传统的方式。我们不再像古人在书房中欣赏作品，我们在高大的现代展厅里观看作品，在现代的居所里观看作品，传统绘画的平面并置式的空间关系难免被现代建筑的空间所影响，观看方式和审美习惯发生了很大的改变。如何拓展传统绘画的空间概念？如何在传统绘画中延伸空间感？这次参展的作品其实是对这些问题的思考的结果，也是一种尝试和突破。首先我采用了立轴这种传统绘画中最常见的装裱方式，但每一个立轴都不是完整的画面，像是从完整画面切割下来的一部分，这些立轴在空间中错落悬挂，又组合成一个整体画面；然后在每幅立轴下面铺上一面与画面等大的镜子，通过反射的镜像呈现另外一个空间，让画面的空间得到延伸，也使水墨的平面性与建筑的空间性得到共生，把“实”空间与“虚”空间并置，让作品游离于真实与虚幻之间，引发观众对“真实”与“虚幻”关系的思考。

陈 琳 杜老师似乎一直专注于架上绘画的创作形态，您对未来的创作有怎样的期许？

杜小同 在美术学院里，大家都接受西式的造型训练，但我喜欢逆向思维，在我看来所谓的造型、笔墨、结构都不重要。艺术经过这么多年的发展，尤其是西方的艺术传统中，已经出现了那么多精彩的造型方式，我其实特别不希望别人通过作品，看到我造型能力如何强，或笔墨功底如何扎实，我的画面如何如何。我希望我的画看不到这些个能力，它就是一个整体的作品。所以画起来也要用一些方式，通过一些不是笔墨的笔墨、不要造型的造型，来达到我想要的。尽管我的画有一些抽象的倾向，因为这样的东西传达出很多对生命内在的向往，但纯粹的抽象又跟我骨子里存在的审美习惯相悖，我也很难走向彻底的抽象。我处于一种游离的状态，我的画越来越放松、越来越随意，于是画面就是现在这个样子。

陈 琳 感觉你的追求跟文人墨戏的感觉比较接近，一开始还有技法的体现、有造型的强调，现在越来越把这些东西都消化了，希望有一个整体的精神层面的呈现。很多优秀的艺术家都有这样的追求，就像你们两位，虽然选择的题材有相似的地方，刚才也都说了出发点是不同的，但是最终的一种更高层次的追求，似乎又有殊途同归的感觉。

杜小同 刚才所描绘的状态，有个人性格和审美过程中产生的方式的不同，最终表现的角度不同。但是很重要的一点，这个时代我们从事艺术，其实思考的过程特别重要——你投入到这里的精力，你以什么方式来提供何种可能性？你在这当中都有过什么样的思考和最终给你带来的什么样的体会？可能有时候一个人关注的人生侧面或他的某一个遭遇、某一个事件，触动了他内心的东西，画面最终能走到哪里，很难预知，但是思考的过程最重要，同时也是最痛苦的。

李戈晔 每件作品都是思考结果的一种呈现，当然并不是一张画就能把所有想法都完整呈现出来，而是由一系列作品共同呈现一个相对完整的思路，单独一件作品只是思考过程当中的一个点。在不断思考的过程中创作也随之向前推进，慢慢完善。

杜小同 生命的规律是永恒不变的，最终人的去向很明确，也很难回避你对自己所处的环境、跟自然的关系这些问题，人的各个生命阶段会按部就班地走过来，将自我生命的思考融在作品中，就会呈现非常鲜活的阶段性的生命状态。

2014 –

生我之时

艺术家访谈

『未曾生我谁是我，生我之时我是谁，长大成人方是我，合眼蒙眬又是谁。』——顺治皇帝。李鹏的作品表现的主题很多都是对于生命对于『我』的发问——生命从何而来？死后归于何处？人生如梦，这梦如何延续？人间苦短，这苦有无边沿？人情冷暖，可否越过一道道尘门？这些声响由李鹏的作品发出，在追寻生命奥秘的观者心中轻轻叩响，引领我们探究他画作背后的故事。

[时间]2014年10月

[地点]李鹏工作室

[采访者]麻娴（『CCAD策展暨文献研究工作坊』成员、中央美术学院人文学院艺术管理系硕士研究生）

[受访者]李鹏（参展艺术家）

一 生于潮汕，长于香港 —— 传统 · 环境

凤凰山顶无日无云，湘子桥顶无日无神仙。

——潮汕俗语

麻娴 李鹏你好，你出生于广东潮州，之后又在香港求学待过很长时间，据我所知，潮汕地区非常传统保守，有很多的传统习俗以及风水讲究，但是香港地区又非常的开放，"蓬生麻中不扶自直"，这对你的生活有什么影响呢？

李鹏 就文化而言，潮州和香港有很多共同之处——比如说宗教信仰，无论是潮汕地区或者香港，所有的庙都不是旅游点。它的作用非常实在，非常重要，供人去朝拜、烧香的。它不会被当作一个旅游景点，而是保留着一个比较完整的膜拜传统。

但是在北京，就说孔庙吧。孔庙的正殿里是卖纪念品的，这种事情在香港和潮州地区就绝对不可能发生。因为在那些地方，这种宗教膜拜是一种生活的必需，显得很平常甚至很平淡却神圣不可侵犯。

麻娴 你提到信仰的传统性或者说是宗教性，这在你的作品中是怎样体现的呢？

李鹏 我的作品说不上跟具体的宗教——佛、道有什么切实的联系，更谈不上宗教理念的体现。它们可能来源于我童年的环境，潮州地区是比较迷信、鬼神崇拜比较多的地方。这些记忆在我的脑子里一直沉淀直到我长大，那些宗教和禁忌的东西在我脑海里逐渐形成了一种潜意识的沉淀。因为它们积累了很长时间，所以当它们被释放出来的时候，显得很有力量。这成为了我的创作资源。但是我对宗教的礼佛这些东西其实并不了解多少，它只是给我提供了一种想象的资源。

麻娴 你的装置作品很容易让我联想到农村幽暗灯光中的庙宇；让我联想到在寺庙拜神祈福、生育求子这样具体的民俗生活场景；让我想到农耕时代人们热衷于拜神以期提高生活质量。这与你的生活环境有关吗？

李鹏 应该是的。我出生在潮州地区的农村，晚上特别黑，经常停电。由于对朝拜或者宗教的理念跟北方有所不同，在南方很多地方，尤其我老家潮州那边所有的庙都很阴森。风水先生会告诉你，庙不是让你来旅游的地方，它是神灵如佛居住或者休息的地方。所以在潮汕地区的庙宇，内部都是阴森而庄严——小孩一进去就害怕，想跑！而我从小对这种阴暗的东西比较敏感，它们肯定对我后来的创作产生了一定的影响。

二 生命中必经的孤独——成长 · 表达

从童年时起我就一直与别人不一样
我看待世间的事情与众不同
我从来就不能从一个寻常的春天获得激情
也不曾从这同一个源泉得到忧伤
我也不能呼唤我的心为这同一韵调开怀
而我爱的一切
我独自去爱

——爱伦坡《孤独》

麻娴 跟你聊天会发现，自始至终你都是非常稳重的，像平静的池水。这不由地让我们产生了好奇，可以说说你的童年吗？你从小就很喜欢画画吗？

李鹏 很喜欢，但是我正式学画的时间很晚。从小特别羡慕那些学画画在区里市里拿奖的那些孩子，我从来没有这样的机会。可是我自己画画的时间非常早。从 3 岁起就一直画画。我会一直沉浸在自己画中的世界。比如画两个小人枪战，这边的人拿着枪打出来，那边的人中枪倒地。当你画那个人的时候你就成了笔下的人，就会咬紧牙关，完全沉浸在故事中。到现在我都非常珍视这种状态。

麻娴 童年时你画画就会沉浸在所表现的物象中。从小孩子的角度来说画画是比较偏安静的活动，那么你是不是一个比较安静内向的孩子呢？很多艺术家提到自己小时候喜欢画画都是因为比较内向，所以才会沉浸在画面里。

李鹏 从我会说话、懂事开始，直到我上考前班之前都是极其内向的，是一群孩子中最内向、最不爱说话的那种。但是每个人一上考前班都会改变，你会更加懂得表达自己。

麻娴 所以说，对于幼时的你来说，画画是一种表达自我的方式？

李鹏 没错，它有点像现在孩子玩网游。当你沉浸在里面的时候你就是英雄。我画画的时候也和这种情况有点像。因为一般来说，内向的孩子在日常生活中找不到太多自信，没人找他玩，他也不懂得找别人玩。

麻娴 那么青春期呢？绘画仍然是你最主要的表达方式？

李鹏 我一个人在香港生活了很长时间，基本上是整个青春期了。那时候我经常特别想家，老想回大陆，但是没有办法，已经移居香港了。一个人生活太长时间之后就会很孤独，在那种孤独的环境中就产生了一些其他因素。你也不好说它好还是不好，它们变成了我创作的动力之一——使我对一些孤寂、伤感、黑暗、偏向内心的东西会很敏感。

麻娴 能从忙碌中解脱身体，能在静夜里独对心灵，能在晨曦时思考未来，那是一种无法表达的玄妙。独处时，你思考与感悟的事情就会比别人多。刚才说到你的家庭比较传统，我很想知道你父母对于你画画来说是什么样的态度？他们支持你画画吗？

李鹏 我家谈不上有文化氛围，家里也没有会画画的长辈。但我父亲是典型的潮州商人，他内向又极其独立强悍的性格影响了我。之所以父亲支持我画画是因为我小时候很喜欢摆弄花草，他怕我一直去养植物，他觉得这个挣不到钱无法生存，便把我向画画这个方向上引导。当时在香港或者广东潮州，周围的人都没有几个人能上中央美院，因此对于他们来说，我能考到中央美院是一件值得自豪的事情。

三 在山中才会明白自然的神秘——远山 · 如黛

我给你关于你生命的诠释
关于你自己的理论
你的真实而惊人的存在
我给你我的寂寞
我的黑暗
我心的饥渴
我试图用困惑、危险、失败来打动你

——博尔赫斯：《我用什么才能留住你》

麻娴 从香港学校毕业以后你就来到中央美术学院学习国画专业，美院还有国画专业都是你自己选的吗？

李鹏 说到学校，当时我对自己的要求不是太高，目标是广州美院。我们画班的老师给我拿了 5 块钱的中央美术学院招生简章，我怕浪费钱就去报考了。过了一段时间，他们通知我专业考上了。我觉得太不可思议了，那年港澳台的学生有9个考中央美院的，过了两个，我是其中之一。专业方面，我家里人不懂，我很自然地就选择了山水。这是我在上美院之前甚至在正式学画画之前就已经决定了的。因为我特别喜欢爬山。我喜欢在晚上九十点的时候上山，这时你会感受到大自然的神秘和崇高，你会明白为什么原始宗教里有那么多崇拜自然的礼仪，还有各种各样的神产生的原因；你会慢慢明白大自然和宗教图腾这些东西有着某种内在的联系。

麻娴 "小隐于山，中隐于市，大隐于朝"，从某种程度而言，你是个隐士。回归自然，在精神上重返自然的母胎。从古至今，我们的先哲好像一直在强调 "返璞归真"和"天人合一"。只有在山中，那个环境中才有像你这样的感觉。

李鹏 对。当你冬天夜晚一个人在山顶上的时候，山上很冷，有一种无尽的孤独和神秘。那段时间我老在山上，慢慢就体会了梵·高为什么会那样画画——他为什么会画出那种感觉的东西。我慢慢从那些风景中感受到梵·高这些艺术家们所要表达的东西。所以，对于自然神秘性的向往就会使我一直保持着兴趣，使得我后来很自然地选择了山水题材。直到现在，我在创作中基本上保持山水或者风景的构图。

麻娴 "这是阴霾的天空下伸展的广袤的麦田，我毫不犹豫地寻求表达悲哀和极端的孤独。"梵·高将目光转向自然，在其中寻求属于他的安慰。在麦田之风吹拂的大自然中，他得到最自由的宽容与接受，相信你也很有同感。 据我所知，你系统学画画的时间是比较晚的，这对于你来说意味着什么呢?

李鹏 在美院上一、二、三年级的时候，我的基础不算好。当时大脑里有了自己想象的、令我沉醉的世界的时候，对于学校教学那套东西的兴趣就非常低了。所以大学本科一年级的时候我就自己拿着毛笔，在毛边纸上一直画我自己想画的东西。那些作品感觉真好。但当时觉得真正的作品应该是在自己技术很娴熟了之后才能画出来的，因此并不觉得那些是真正的作品。但是恰恰相反，当我本科三年级再次翻看这些作品的时候，它成为我日后作品的原形。我是从大学一年级时那些完全靠想象、没有任何技巧成分的作品中慢慢整理出自己想要表达的主题的。

麻娴 那时候的作品大概是什么样的? 可以跟我们分享一下吗?

李鹏 大概也是山水图式，那时我很喜欢画一条通向高处和远方的路。它不断地向高处和远处延伸，路的两边长着枯树。那条路一直延伸到特别高、特别冷的地方，最后消失在天际。那时我只是用我那点特别单薄的技巧把这个图像呈现出来。当时只是觉得特别有意思，没有特别认真。但是后来慢慢的我发现自己的兴趣点——对于这种意象的偏好并不是一个偶然，后来我的创作几乎都与此有关，它成为我创作非常重要的起点。

四 我的作品必须复杂——李可染·基弗

我带着联系我们意识和经历的象征进行创作，

这象征将同时引起一连串对我们自身的反省。

——基弗

麻娴 你刚才也提到了梵·高，我想知道，对于你来说影响比较深刻的画家是哪些? 他们又是怎么样在你的作品中影响你的?

李鹏 我特别喜欢北宋的许道宁，他的山水在那个时候或者到现在也是非常特别的——画面挺阴森，表现的山石不是现实世界的，完全是超自然的。他的图像我也经常借鉴。我也比较喜欢范宽，他也比较特别。对别人而言，传统可能意味着特别多的文化层面、审美层面的东西，而对于我来说——故乡那种有着丰富的鬼神崇拜传统的环境——使我从小对于鬼神、对于另外一个世界的阴暗和神秘有了一种完整的想象。我觉得这个是真正的传统，并且这些东西到现在一直给我提供想象和思考的资源。

在我创作初期，受到林风眠和李可染的影响比较多。尤其是李可染，他画面那种黑暗和幽冥的感觉。幽冥和神秘，跟宗教轮回这些东西相关；在我的创作中有大量船、桥这些意象，其实它们在很多国家的文化里面跟轮回转世等等的概念密切相关，并且这种寓意有时不需要经过教育或传授就会使自然联想到的。这是我所感兴趣的，它是一种泛宗教的情感。

麻 娴 你喜欢的这些画家让我想到一句诗歌，“黑鸟的心中充满阳光，黑鸟的歌又有几人能唱？”。那么能够影响你的有哪些国外的画家呢？

李 鹏 之后我接触很多当代艺术的作品。慢慢的，我开始质疑林风眠和李可染作品在视觉上的强度。后来我发现是理念的强度决定画面强度，林和李的作品都不像德国新表现主义那样直接挑战宗教和伦理禁忌的核心。于是我开始非常饥渴地去接触国外艺术家的作品。那时我很喜欢安塞姆·基弗（Anselm Kiefer）的作品。我对基弗感兴趣的原因一方面是因为他的画面特别阴森，特别有冲击力，那是当时我所喜好的元素之一，比如在巨大的集中营里，两排柱子上的油灯火苗失控地乱蹿，那种邪恶的氛围暗示空间中游荡着某些超自然的力量。

但是我更加感兴趣的是他创作方式的独立性。他有他想要表达的黑暗的意境和地狱般的场景，于是就直接把这个图像和他想象中那种氛围呈现出来。他不需要在每一件作品中都表达对艺术史的态度。从2003年到2010年的美院国画系，“中西结合”、“浑厚华滋”、“水墨构成”、“笔墨和素描”等一直是师生之间学术讨论的热点话题，这在现在看来是学院内外艺术信息不对称所导致的奇葩景象，却是那时央美国画系学生艺术生活的主要内容。大量地接触当代艺术使我较早地摆脱那种愚昧状态。当时我认为：画画就是画画，将自己感兴趣的东西呈现出来就好了，为什么所有的作品都非要跟艺术史发生关系？为什么要么是继承发展它，要么是逆反它，颠覆它？

大学三年级的时候我从基弗作品里得到这个最重要的理念之后，创作开始变得独立起来。

五 精神共通下的不同表现——伉俪·情深

同声自相应，同心自相知。—— 西晋·傅玄

麻 娴 提到你的大学时光，绕不过的一个环节是你和你的爱人黄海菲是大学的同学，她也是国画专业的，那么她对你的创作有什么影响吗？

李 鹏 应该是有的。我们都是从广东来的，她也从小学画画，又都是国画专业。经历比较相似，比较有共同语言。我们最大的不同是，在作品理念方面我考虑得特别多，如果我在作品概念上没有一个很明确的结论一般不会下笔，即便下笔了作品也无法完成。但是女性艺术家不一定是这样的，她的每一个结论都是在那一笔下去之后才得出的。她对讨论理念不是特别感兴趣，不是说她不懂，而是她不会老跟你说这个问题。她的手会决定下一步她的理念向哪个方向发展。

麻 娴 你是理念决定手中的笔向哪个方向发展？

李 鹏 开始我以为是，后来我慢慢也接受了这个现实——理念是无法绝对操控你的双手和视觉的，这个当然也是因为我欣赏她的创作并逐渐受她的影响。很多时候，她对于视觉力度的营造比我有经验，并且对材料的敏感度也令我望尘莫及。她不会排斥任何方法或媒介；让她想新的东西，她很快就能想得出来，她反应非常快。而我脑子里无法同时考虑很多东西。只能专心做一件事情。

麻 娴 你们在家里非常民主，各行其是，你和她的创作都不会受对方的影响，但是思想会产生交流，是这样吗？

李 鹏 我们俩日常交流非常多，尤其是在绘画以外的知识——宗教、心理学、哲学等等。但是很少会具体到作品的材料和技巧，所以我们俩的作品表现完全不一样。她用到很多综合材料，会把纸绢、印章什么都当成材料来用，在她的作品里会有各种各样的手段，比如拼贴、泼墨、烧、剪，甚至缝。但我的画面就是黑白，顶多有点干湿的变化而已。但因为我们思想交流非常多，即便在完全不同的技巧、形式或者材料的表现下，呈现出的作品有感觉一致的地方，只是在视觉上是完全两码事，是两个世界的人。

六 黑色的诱人在于它的深邃与无穷——生死 · 幽冥

黑云翻墨未遮山——宋·苏轼·《六月二十七日望湖楼醉书》

麻 娴 我们围绕作品来说一说，你的作品好像很多都叫做“无题”，有什么特殊的原因吗？我们会发现你

2006 年至 2009 年的无题系列作品给人感觉非常奇特，就像把我们观者引入到另外一个空间和维度。画面中经常出现水这一元素。车尔尼雪夫曾说，水把周围的一切如画地反映出来，把这一切委曲地摇曳着，我们看到的水是第一流的写生家。自然之水一直被认为是上天对于人类的某种启示。可不可以谈一谈你创作这一系列作品的初衷是什么？

李鹏 为什么叫无题呢？首先因为真的想不到题目；其次，当我想表达某种怪异幽冥的意境时，画面里那种幽闭与复杂很难用我们现成的词汇来形容。我看到一些西方画家将他们抽象晦涩的作品用“无题”来命名，所以我也使用了这个题目。那时起，我从学习基弗的风格转到关注中国传统图式——明清版画。因为我看到了很多国画图像都是才子佳人，亭台楼阁、河塘月色之类的内容，于是当我选择它们作为我创作的图像时，就对这些图像做了一些处理，并尝试营造出一种幽冥的诗意。

那时我看了很多展览，那种标签式的政治波普作品在 798 艺术区很泛滥，当时有一种逆反心理——给自己的标准就是：艺术不能简单化。对不对另说，但这就是我当时的想法。

像 2007 年的一件作品《无题》，我画一个亭子，里面两个侍女没有画脸，拿着扇子，中间还有一个戏剧的小人站在栏杆上，水里有很多漩涡。大家心目的中河塘本来是很平静的，我把原图里荷塘的水纹全部变成在黑暗里闪着寒光的漩涡了；荷叶都是人脸。有时候画面太暗，观者看不见这些东西，但其实他们已经感觉到了，那时候表达的画面有一种非理性的怪异和幽闭。

麻娴 亭子也是中国传统山水作品中经常使用的意象，是一种心灵的景观。好像空荡荡的山中或者水边，有了亭子，这种“有”才能衬托那种“无”。这一系列都是黑色的背景，黑色的诱人在于它的深邃与无穷。感觉非常的神秘，你自己是神秘主义者吗？怎样的经历使你偏向这种幽冥的风格？

李鹏 内向的人容易画出来这种风格。我对神秘的事物的确比较感兴趣一些，它可以幽暗、可以怪异，但是我在处理画面的时候必须给图像和图像、图像与氛围之间建立一种逻辑上的联系，从而使作品在理念和视觉上变得坚实可靠。

比如说 2009 年的这件作品《送别》，它所表现的是一个很宽广的场景，画面上面和下面包围着云，中间是水纹，一个书生、一个武士在告别。当时看了一部电影叫《亚历山大》，亚历山大有一个同性的恋人。那时我就有个想法——就画一个与同性恋有关的题材吧。我把这两个形象放到生死轮回这样的场景中——水和云很明显不是在人间的世界。把这样的主题放在这种寓意的场景中，会有怎样的效果和意味，是我所感兴趣的——不同主题之间结合的可能性也是我一直以来探索的方向。

那个书生的形象我用在很多地方。其实他是中性的，他的体形特别优美，而且他总是游荡在各个角落里。为什么用《送别》这个题目呢？我读研究生的阶段在导师影响下看了很多诗歌，中国的很多古诗词中都有描写送别的场景。只要一说起“送别”，我就想起两个书生在告别，可能在桥上，可能在水边，还有一个小船什么的。但是我把这个古代诗歌中特别常见的主题放在我所感兴趣的这些幽冥黑暗的场景中了。于是画面就有了那种幽深浩大而难以言状的晦涩感。

七 虚室生白，吉祥止止——明亮 · 大爱

从明天起，做一个幸福的人
喂马、劈柴，周游世界
从明天起，关心粮食和蔬菜
我有一所房子，面朝大海，春暖花开
——海子：《面朝大海，春暖花开》

麻娴 你在幽暗风格的《无题》系列之后又创作了什么系列？

李鹏 2009 年作品画面的调子都是偏灰暗的，原作尺幅都是 1m × 2m。之前的《无题》系列色调都特别黑，到了 2011 年开始就转变为比较亮的调子。为什么用亮的调子呢？这跟前几年北京当代艺术的潮流有关系；那时候开始流行极简主义，展览上经常能见到一块白往那一挂就是一张画；或者满纸都是手指纹那种作品。于是，我从 2010 年开始画很简洁的作品。这些作品也是明清版画的图式，画上去之后，再用白丙烯把它涂了。我不知道为什么要这么做，有可能是一种潜意识的冲动。那个时期的作品，画面我一直都那么处理，也就越来越亮了。

送别 /100×200cm/ 纸上综合材料 /2009

麻娴 《庄子·人世间》说，“虚室生白，吉祥止止”。我们这一代人的生活压力非常大，每天被很多事情、很多欲望所缠绕，又被很多有形无形的规则所牵绊，在这些纷繁中失去了内心的自由。庄子强调我们要做“减法”，去除内心的尘杂，关心“粮食和蔬菜”，这样才会心生愉悦。这种由暗转亮跟你的情感有关系吗？还是与你的经历有什么关系吗？

李鹏 在我画面特别阴暗的那个阶段，我能回忆起来那时我更关注自己的内心，那时每一幅作品的技术制作量非常大，有一种很强烈的表现自己的欲望——在观念和技术两个方面，总之那时我的主题是我自己。但是，画面由暗向亮转变的时候，我开始慢慢地关注我身边的人和事。比如我的亲人病了，那段时间我非常担心。所以从黑到白是我从极其关注自身，转变到关注社会，关心我周围的人、周围的世界这样一个过程。后来又经历了一段日本福岛核泄漏那样的事件，我就关注很多人性与人生的主题。这些主题是以前关注的宗教性主题的延伸，但又加入了一些新的元素，比如民俗性主题，像游玩、踏青，或者是赶路。那是我从一个有一点自私或者自恋的艺术家慢慢转变为会关心周围的世界这样一个心路过程。 这应该是每个人都会经历的成长过程——到一定年龄之后你开始有各种担心，对于生活中有可能发生的和你身边的亲人有关的各种不稳定、不明朗都会使你感到恐惧。

举个例子，在 2011 年一幅《无题》里，我的画面开始变亮，变成很简单的勾勒和丙烯涂抹。我加了鸟这个重要的元素，直到现在，大多数作品里我仍会画很多鸟。这个图像是我很下意识地加进去的。这些鸟不像工笔画那种供人欣赏、色彩艳丽的鸟，而是成片的鸟群，有点像梵高《麦田鸦群》里鸦群的那种感觉。小时候我看蚊子、飞蛾绕着灯泡飞，有一些飞蛾撞着撞着就掉下来，飞蛾扑火那种感觉。记不清我在什么时候做梦，脑子里出现过这种意象，在远方水平线上，有一些鸟在那飞舞，很凄厉的鸣叫，它们翅膀闪闪发光，好像在招引来者过去。这些元素后来都在我的作品中有所体现。

麻娴 欣赏你的作品，我发现除了丙烯白以外，你非常喜欢用蓝色。它在颜色代表的含意里传达的是忧郁的含义，但每一个人看到蓝色又会把它和天空大海相连。蓝色也是一种心情，有时豁达广阔，遥不可望；有时却忧郁深沉，猜摸不透。你是不是对蓝色有着特殊的喜好呢？

李鹏 我对偏冷的颜色都感兴趣。其实亮的画面比黑暗的画面更加冷，尤其是宣纸的白，加上丙烯白，就变成特别冷的颜色。比如说有一幅蓝色的《无题》，我用的是浮世绘作品的一个图像，里面有向远方消失的路、树林和赶路的人和马，地面的火是我自己加上去的，是没有温度的火。消失在远处的人只有半个身体，这是一个残缺和孤独却恬静而自足的世界。

八 水墨之外，生活之内——未来 · 愿景

简文入华林园，顾谓左右曰：会心处不必在远，
翳然林水，便自有濠、濮间想也，觉鸟兽禽鱼自来亲人。

——南朝宋 · 刘义庆，《世说新语 · 言语第二》

麻娴 你对于以后的创作有什么打算吗？或者说，对以后的生活有没有什么憧憬？

李鹏 生活方面大概是买套房子、生个孩子，再就是在这两样的基础上保持创作在生活中的比重，虽然这很难。

这么长时间以来，我在水墨创作方面设计的主题还是比较内敛的。以前有一个实验艺术系的同学想了解水墨，就找我讨论。后来我们讨论的时候发现，水墨艺术家都或多或少地执着于水墨这个身份。因为搞行为的艺术家不会说我是行为艺术家，做装置的艺术家不会说我是装置艺术家的，而水墨的艺术家大多会在水墨这个既定范围里发挥所长。虽然水墨艺术家当中有相当一部分人跨媒介的能力非常强，随时可以做影像或者其他媒介。但是，他们却愿意跟别人说我是搞水墨的。或者坚持以水墨作为主要的创作媒材，这个身份可能对于水墨艺术家来说挺重要的——无论他承不承认。可能因为他不强调水墨这个东西的话，也就无从强调自己的创作在当代艺术背景下的合理性。我对东方精神、水墨、传统等等这些概念都不是很感兴趣，但还是一直在其中游玩，原因是什么呢？很可能是因为以这样的身份进行创作会有一种安全感，会有这样的文化背景在让你依靠，就像在家里、在妈妈身边的孩子，自我感觉很安全一样。但是我想，以后艺术家对这个身份的依赖会变得越来越弱化，会越来越不需要这种依赖。到那个时候，水墨本身的很多元素和特征会慢慢消失，和其他媒介之间的界限也会越来越小。

回想过去几年到现在的我的创作，是一个从极度聚焦于自我到逐步贴近生活、关注社会的过程。水墨能否更直接地与我们身边的事物发生关系，是我这一段时间内探索的主要方向。因此在今年年初，我接受了策展人方敏儿的邀请，参加她 2014 年就启动、2015 年 1 月份在香港开幕的跨年度互动项目“我要食餐好既！”（粤语翻译成普通话是“我要吃顿好的！”）。针对这个项目，我邀请了香港和北京的艺术家进行合作，并想用水墨和其他媒介综合的方式来表现关于香港和大陆文化上的差异，或者饮食文化和生活、传统的关系。对于水墨介入生活会给艺术中的现实题材的表现带来多大的突破，我并没有多大期待，我更感兴趣的是创作方式的改变将会给我原来的创作思维带来的冲击。

无题 /60cm×40cm/ 纸本水墨 丙烯 /2011

无题 /60cm×40cm/ 纸本水墨 丙烯 /2011

入境当代水墨

艺术交流互动

谭军和曾健勇是当代水墨领域代表性艺术家，近期共同参展了由中国现当代美术文献研究中心（CCAD）主办的『中国当代青年水墨年鉴』第二回展『入境』。他们的创作尽管画风和笔墨技法与传统文人绘画大相径庭，然而本质上都着重体现人的精神层面的状态、灵性。在当代语境下，水墨艺术家的创作如何体现对文人水墨传统的承续？当代水墨如何呈现中国艺术传统的精神内核？谭军、曾健勇做客新浪微访谈，与广大艺术爱好者一起入境当代水墨。

[时间] 2014年10月16日

[地点] 新浪微博 Online

[对谈嘉宾] 谭军（参展艺术家）| 曾健勇（参展艺术家）

— 在色彩、构图、块面和线条中，两位艺术家更希望倾向于突出或强调哪个方面？为什么？ —

曾健勇　你说的这几个方面都是有关语言的问题，很难分出哪个更重要，就像分不清嘴巴和眼睛哪个重要，肺和心脏哪个重要。

谭 军　色彩、构图、块面、线条，这些都不是我希望突出的和强调的，个人的表达才是我努力的方向。

— 请问两位，觉得作品对自己来说是一面镜子、一个拥抱，还是一个梦呢？ —

谭 军　如果非要一个比喻的话，我觉得自己的作品是另一个世界，让我可以暂时脱离肉身所在的世界，在那里依然充实和幸福。

— 请问曾老师，您所创作的水墨作品是注重艺术语言表达还是绘画性，拟或是艺术形式？ —

曾健勇　这几个方面都是有关方法论的，都是必须注重的，而创作背后的价值观更要重视。

— 现在快节奏的生活方式，在水墨画中能表达得出来吗？ —

谭 军　现在快节奏的生活当然能在水墨里表达出来，只是理解它有一定门槛。表达的具体内容、角度方式、方法、语言特征等都会因人而异，理解它们则需要各方面的知识和能力。

— 请问两位如何理解水墨的当代性？ —

曾健勇　我认为当代水墨是中国画线性历史延伸的一个节点，同时又纳入世界的当代艺术范畴内。

谭 军　水墨的当代性正如所有事物的当代性一样，源自与之相关的人的状态，若“人”不当代，则与之相关的任何事物都不会当代。

— 在现场也看到两位老师的作品，请问两位老师，如何在作品中体现传统文人水墨的影响？ —

曾健勇　当你使用毛笔和宣纸，你练习书法，看前人的诗词文章，临摹他们的山水……在这个过程中，自然就会受到影响。

谭 军　实际上，我并不希望在自己的作品中体现传统文人水墨的影响，至少不是形式语言上的影响。精神状态上，我相信自己与古代文人有很大的区别，这是当代和古代的区别。

— 在国际当代艺术潮流下，水墨如何定位？ —

谭 军　在国际当代艺术潮流下，水墨如何定位是个伪命题。面对潮流的是每一个具体的人，而不是水墨。现在的所谓水墨的状态，是无数具体独立的个体选择后呈现的一种状态而已，概括地看，总会抹杀很多个人的特征。

— 请问两位，生活点滴如何融入水墨之中，又是如何反应的呢？ —

谭 军　生活点滴融入水墨，是一个很复杂、很微妙的过程，偶尔也是很技术化的事情，对我来说，更希望这种融入和表达是很自然得、不留痕迹的。

— 当代水墨与我们的现当代生活环境息息相关，而我们的传统水墨一去不可返已成事实。请问两位艺术家对此得理解。 —

曾健勇　我反对用古人的方法来画古人的内容，而传统一直是我们的文化资源。

谭 军　当代水墨确实与当代生活相关，但这并不意味着传统水墨一去不可返。

— 两位都以墨为创作基础，但又融入综合材料。在创作历程中，是如何梳理出这条创作脉络的？在作品“出炉”前遇到得最大创作困惑是什么？ —

谭 军　路是一步步走出来的，困惑总是花样百出、源源不断。

— 请问两位老师，你们觉得在艺术创作中最重要、最核心的东西是什么？ —

谭 军　核心是自己，自己的表达和幸福才是作品的终点。

— 谭军老师，在您的绘画过程中，有什么事物、景物或人们让你受到影响和震撼的吗？会让你有种冲动在画面里表现出来的吗？ —

谭 军　影响和震撼我的多数都是视觉类的信息，也有文字、音乐方面的信息，几乎随时随地被触动、想表达，但总得约束自己，节制自己。

— 谭军老师，得知您喜爱摄影。那么您觉得您的水墨画与摄影之间存在什么联系吗？摄影在现实生活中是否影响了您的画作呢？ —

谭 军　摄影已经影响绘画 100 多年了，已经是一个很重要的灵感来源。对我来说，也是一种观察世界的方式，可以帮助我丰富自己的能力和创作资源。

— 想问一下艺术家谭军：为什么您说您的绘画是您精神世界的投影？在您的画作中具体是怎样体现的呢？ —

谭 军　精神世界，即我的所思所感。而表达自己的所思所感即呈现为我的绘画。其实观众更应该关注的是看到作品后自己的反应、自己的感受或波动。

— 曾老师，您好，从大队长系列、成长系列、夜游系列，以至 2010 年“头号人物”等作品运用角色扮演的主次场景，2011 年出现了宗教有关的元素：荆棘、花环等。非常喜欢您的作品，您能和大家分享一下创作灵感和过程吗？ —

曾健勇　我想我的创作来自我的体验，体验可能来自生活，来自社会，或者来自书本。如何将体验转换为画面，这需要形成自己的创作方法论。如果观众也能获得某种体验，那么我的创作就成立。

— 谭军老师创作了一系列以动物和植物为主题的作品，请问您在选择描绘对象的时候是因为这些动植物的形貌打动了您，还是因为它们背后承载的文化寓意呢？ —

谭 军　说被它们打动，不如说是自己移情。

— 水墨在今天具备什么样的价值，又有着怎样的形式？ —

谭 军　我认为，具有价值的是每个人做的具体的事情，形式则丰富多样。

— 如何看待青年艺术家的主要差别在哪里？ —

曾健勇　每个人的个性是独一无二的，成长的经历也是有差别的。“寻找自我”这个词仍然重要。

— 最近谷歌一直在介绍 CCAD 的 100 幅最美的中国画，大众对于传统中国画很感兴趣。当代的新水墨的“新”从立意和选题上和传统水墨有何不同？ —

谭 军　当代绘画立意当然是立“当代”的意，生活于当下的具体的个人的“意”，具体的人与人总有相似点，又总是参差多态的，与传统的差别可能是方方面面的，只能从具体的作品比较中来看。

— 请问曾健勇，在 2013 年确认自己新的创作方向后，有意背离传统山水画创作传统，将笔墨表现与意境构成模式化手法，并以此创立了全新作画风格。您作为艺术家是怎么看待传统山水画与创新之间的关系，在当代艺术中如何处理这种关系呢？ —

曾健勇　其实自然界信息量巨大，蕴含很多细节，当我们掌握新的表现方式后，我们可以观察到前人没有表现的细节，我们可以回到古人的起点，重走一遍。古人观察自然，使用毛笔宣纸表现，形成一套符号和程式；比如披麻皴、交凤眼、破凤眼……后来的人不用观察自然，也可以使用这套符号和程式来自我抒发。

— 谭军老师，您受古代传统书画的影响大吗？最喜欢其中的哪位艺术家的作品？ —

谭军 古代艺术肯定会对我有影响，只是具体的作品影响更大更具体，没有偶像崇拜，心里只有作品。

— 想请问曾健勇，您的作品风格会一直延续吗？ —

曾健勇 关于风格延续问题，这很难预设；人会变的，对世界的认识也会改变，创作就会随之变化。

— 社会现象复杂丛生，请问两位老师是如何找寻到自己真正的内心世界、真实的自己的艺术思想和方向？ —

谭军 寻找自己的内心应该是每个活着的人都应该做的事，虽然事实上未必如此，可能艺术家会多花些时间在这方面，所以他们就表现得超乎常人的敏感。

— 艺术家站在自己的角度，觉得艺术创作最难能可贵的是什么？艺术家逐渐职业化，能说说艺术家这个身份的工作现象吗？ —

谭军 最可贵的是，面对真实的自己，表达真实的自己，有的人看到真实的自己后，将作品画成了别人眼里的自己。

曾健勇 艺术创作最难能可贵的是，一直真实面对自己。而艺术家职业化这个问题自古就有。

— 两位老师以墨创作，而作品表达的主题（大队长 / 伙伴，游离）则专注于当代生活经验和精神性。水墨在此更像是画面的修辞手段。请问老师如何考虑水墨和作品主题之间的关联？在传承文化的意图外，为何选择水墨进行创作？ —

曾健勇 这也是我经常想到的问题。作为创作者，除了主题要表现之外，笔下的感觉也是很重要。选择水墨，其实就是用母语说话，更有感觉。

谭军 没有传承文化的意图，选择水墨是一种偶然，这只是目前使用的材料和曾经的学习经历的结果，不代表永远这样，变化总是会有的。

— 当代水墨发展的可能性还有哪些？ —

谭军 水墨的可能性，更多的应该说是人的可能性。要相信人的创造力。

— 请问，国外有艺术家尝试水墨画创作吗？成功与否？ —

谭军 有，也有很成功的。水墨作为材料的可能性、可塑性十分大。

— 请问，水墨画如何能将当代社会之元素，蕴含画作之中？ —

谭军 试着将自己丰富起来、当代起来，人充实了自然会思考表达，同时也会思考表达的方法和方式等等。

— 请问老师是如何找到了属于自己的风格，怎样成就了中国新水墨？ —

谭军 画自己的内心，遵从自己的内心去学习，充实自己，塑造自己。

— 艺术家按照纯粹的视觉感受创作是一种理想状态，因为不可避免地受到某种理念的指导。在两位进行当代水墨的创作过程中，受到影响最深刻的艺术观和艺术理念是什么？ —

谭军 我也不是按照纯粹的视觉感受来创作的，创作是表达需要，表达欲望强烈了就自然会产生。对我影响比较深的当属存在主义。

水墨与观念的尝试

—— 艺术家访谈 ——

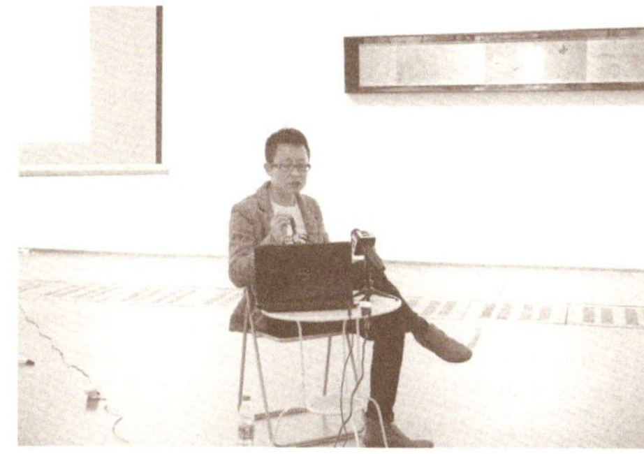

水墨艺术家杭春晖的作品在对光的虚化处理中呈现出一种东方所特有的视觉『虚境』，在这种『实中务虚』的绘画实验中，杭春晖营造出一种亦中亦西的东方意境。『中国当代青年水墨年鉴』参展艺术家杭春晖在访谈中分享他对于水墨与观念的认知与尝试。

[时间] 2014年10月16日
[地点] 圣之空间
[采访者] 陈琳（策展人）
[受访者] 杭春晖（参展艺术家）

陈 琳 近几年当代水墨领域非常活跃，然而这种繁荣似乎仅局限于艺术圈内，大众所理解的“水墨”概念仍然较为陈旧和片面，没有将水墨置于更长的时间线索中去认识。您能否从历史发展的角度谈谈如何看待水墨?

杭春晖 今天大众对水墨的理解基本停留在文人画的层面，比如 2008 年的北京奥运会开幕式上，有一段关于舞蹈和中国画结合的表演，最后舞蹈者的足迹留下了一幅中国山水画，导演试图以此来体现中国绘画的经典线索。从结果上看，这个画面很成功地满足了西方人与大部分国人对中国水墨画的想象。画面中的山水“草草逸笔”充满抽象的视觉形式。在国际化舞台中，这样的视觉非常“中国”，但是问题是，难道这样的典型化视觉就是水墨的全部? 答案显然不应该如此。其实在元代之前，水墨画，或是我们今天所理解的水墨画其实并不是主流，宋院体画的视觉经验与文人画的表达是完全不同的。也就是说，在中国绘画发展线索中，一直还存在着另外一个角度——就是对于造型和色彩的研究与表现。从某种意义上看，文人画将“书法用笔”引入绘画是中国画发展进程中一个重要的环节，它改变了中国画的发展轨迹。由于对绘画用笔的“书写性”追求，文人画将宋画中精致的造型慢慢抽象化，并衍生出另一套关于水墨形式的标准与理论。这里面最著名的就是“外师造化，中得心源”，但是今天大部分人在强调“中得心源”而忽略了“外师造化”。即使从早期文人画的角度，对于造型的表达也是非常重要的。比如我曾经将南宋扬无咎所画的梅花 PS 在苏州博物馆的建筑照片中【图一】，你会发现杨无咎的作品与真实空间的关系很舒服，你不会发现那枝梅花是画出来的；也就是说，在摄影作品中的梅花作品，具有高度的现实感才会出现这样的视觉结果。可以这么理解，杨无咎的文人画是具有高度写实性的。这也就是我要强调的，对于书写性与造型而言，在文人画的源头，还是更强调造型的，只是在此基础上，追求用笔的书写性。这里面，书写性是需要依附在造型表达之上的。对于这一点，我们也可以在明代徐渭的作品中看到，在徐渭的螃蟹中，我们可以看到书写用笔与对象造型特点的完美结合。“外师造化”或许在这里才是重点。这里面暗含着中国绘画的另一个写实性线索，比如明代王履的画论：“吾师心，心师目，目师华山。”意思是绘画遵循我们的内心，但是内心却需要追寻我们的眼睛，即是“目”，而“目”则需要遵循现实对象——华山，王履的画论在某种意义上看，就是一种关于写实性的讨论。但是在文人画的主流价值观中，王履的思考似乎并没有被重视; 尤其是在明代董其昌的“画分南北宗”之后，书法用笔的价值被极大地强化了。就我个人理解，这也是使得清代绘画越来越程式化的原因。由于文人画的学习过程往往是先学画谱，通过画面来学习绘画的方法，所以很容易形成一个封闭的图像发展环境，加上美学价值观的固化，使得文人笔墨趣味在明清两代相对封闭的图像环境中会越来越程式化。到了清代，几乎所有东西都需要强调用笔的来源、绘画图式的来源，所以，这样的绘画也就越来越脱离绘画的现实对象，从而越来越抽象。在这个过程中，文人画也慢慢跟我们前面所说的扬无咎那种绘画追求产生了很大的变化。书写性和抽象性的因素变得更加重要，使得它不能融入到再现性的照片的形式之中。在我看来，这一切从某种角度上是削弱了唐宋绘画中的造型观，也在一定程度上固化了当下我们对“水墨”的基本认识。

【图一】扬无咎所画梅花与实景图的结合

2014 -

陈 琳 也就是说，在水墨的发展过程中，其形态并非局限于一个固定的模式。那么在水墨变化、发展的历程中，主要受到哪些因素影响呢?

杭春晖 从上面的叙述来看，文人画也一直暗含着两个因素：一个是书写性或是抽象性，这也是我们大多数人对水墨的理解；另外暗含的则是造型的写实性因素，这也是上面杨无咎的梅花图可以放在建筑照片中的原因。只是在不同语境下，这两个因素处于不同的位置。其实无论从“工”与“写”的角度，还是文人画自身的双重因素，水墨其实一直处于“流变”的状态。当然，水墨的“流变”一方面来源于自身文化线索，比如我们前面聊的两个因素的交替发展；另一方面也指对外来文化的融合能力。前者是时间线索，后者是空间线索【图二】。例如晚明时期部分肖像绘画和“波臣派”作品中出现了某种独立于当时文人水墨的风格特点，也开启了水墨对于西画空间性与立体性的吸收与融合，在我看来，波臣绘画的重要性，正是因为他在文人画的世界里融合了西方的视觉经验。这一点在今天看来似乎并不突出，但是这种水墨探索在当时无疑是十分需要勇气的！同时这种吸收与融合在清代西方传教士为主体的创作团队中得到进一步的发展；虽然由于历史原因，这一现象并没有在当时的文化语境下产生更

【图二】明代肖像画
出自佚名《少数民族画像册》

大的影响。但是康有为认为:“郎士宁乃出西法,他日当有合中西而成大家者。当以郎士宁为太祖矣。”从这一点看，水墨的发展其实一直不是一个固定的模式，它是不停变化的，就整体来看，无论是从“工”到“写”的绘画风格的巨变，还是文人画自身的双重因素，再到“水墨”对外来文化的融合，无一不显示出水墨传统的开放性与变化性……而今天很多所谓的水墨画家对水墨的理解，甚至比明清时期还要僵化！这是很危险的！其实无论是空间线索，还是时间线索，最后还是要归结在艺术家的主体性问题上。作为个体而存在的艺术家，必然是其生活环境所塑造的结果，也就是说我们无法脱离我们的生存环境来选择，这就是为什么宋人的花鸟与明人的花鸟不一样的原因。所以，古法也不是一成不变的。在明确主体性之后，我觉得无论是“地缘”还是“历史”都是像一道菜的原料，尤其是在当下全球一体化的趋势之下，我们正处在一个多元化选择的历史环境中，这个时期的文明进程最大的特点就是我们可以更加自由地面对所有的文化资源。你可以顺着“历史”的范围去配菜，也可以顺着“地缘”的方式去寻找绘画的语言。关键是这些元素十分贴切于你这样的主体性。你可以不再将这些东西视为某种目的，而是看作达到你自由表达的手段。也就是说，你需要用一个更加开放的心态来看待，这时候西方写实也好、东方笔墨也好，都会成为一种开放性的表达手段，是可采取的养分。

陈 琳 您是如何从文化的角度看待水墨的发展的，您认为水墨发展背后的价值与历史脉络是怎样的？上面所谈的水墨创作的主体性，在今天现代化背景下会有着怎样的体现？

杭春晖 其实从某种角度上看，农耕文化的基础在于土地，这种生产方式，更多需要一个稳固的社会结构，因为植物入土之后，需要时间来成长，基本是靠天吃饭的方式。人在这里的作用比例不大。所以我们的文化中不太强调个体，而更重视阶层。儒家文化其实就是通过道德的力量稳定社会结构，以适应土地这种生产方式。中国古代地农耕文化在艺术创作中的表现，就是我们的传统中几乎就没有肖像类作品，比如《虢国夫人游春图》，即使是明确以具体对象为创作依据的作品，上千年来，还是无法确定虢国夫人到底是谁？这说明其实创作的重点不是个体，而是阶层性的描绘，这与《蒙娜丽莎》的出发点完全不一样。后者更加注重的是个体性。可以这么认为，起源于农耕文化的儒家思想塑造了一个趋同性文人水墨的审美趣味；而社会层面的宗族化则强化了文化的师承性，体现在水墨创作上就是水墨语言的程式化、水墨题材的固定化。这种痕迹在今天依然很顽固，所以，在水墨圈经常会看到所谓的师生展，如果仅仅从情感上来看，这样的展览是没有问题的；但是，大部分这样的展览都暴露出关于门派、关于师承的野心，而这或许就是今天水墨发展的问题源头！因为从 1840 年鸦片战争开始，中国社会就开始进入了被动现代化的进程之中。从文化动机上看，其实就是由农耕文化向工业文明过渡。我们知道，工业文明的基础在于集中生产和统一销售，这是非常重要的。因为工业是需要大量的人来参与，比如今天我们买的 I phone 手机，它也可以放在越南生产，甚至可以放在非洲。但是它为什么要放在中国？至少目前为什么没有放在非洲？这不是土地的问题，而是人的问题！因为它需要有合适的产业工人！也正是因为对于人这种因素的规范化使用，使得苹果公司可以在全球任何地方生产出统一化的产品。什么人进入这样的系统都能被塑造成规范的生产工具？可以这样理解，人的因素替代了土地的因素。所以，工业文明的背后其实是对于人自身价值的重视。因此，在欧洲启蒙运动中，康德就提出：“人是万物的尺度！”他指出人的知识同时通过感官体验与理性的思考共同构成，不是事物在影响人，而是人在影响事物，是人在构造现实世界，在认识事物的过程中，人比事物本身更为重要。那么，基于这样的文化逻辑，我们就能够清楚地看到，今天的水墨问题其实就是工业文化背景下的自觉要求——对于个体价值的重新关注，这就必然涉及到创作的主体性问题。

毫无疑问，水墨在今天有着基于“现代化”进行自我调整的内在需求。首先面对的是创作者主体性问题，也就是确立个体的价值（从某种意义上看，这也是一种水墨现代性的发展线索）。这里面会涉及到水墨语言、题材和趣味的个体化。当然，我认为最重要的还是对传统水墨语言的解体，从而产生新的表现可能性；第二是水墨题材的自由，这也是视觉对现实的直接反映；第三，是水墨审美趣味的个体化选择与确立。

陈 琳 您这里所说的“现代性”转换，其实从上个世纪新文人画出现时就开始了。那么在当下，更新一批的当代水墨创作又与这些调整有什么样的关系？

杭春晖 所谓的现代性与当代性还是有区别的，至少从美术史的角度来看。现代性指的是 20 世纪欧洲艺术界出现了一种对古典艺术全面背离的创作线索。塞尚之后的表现主义、立体主义、抽象主义等现代艺术

【图三】吕胜中作品《山水书屋》

语言，将 20 世纪之前的再现性绘画传统抛在一边，语言的个人化表达被极大地释放。可以这么理解，对于形式本身的重视是现代性的一个基本特点。而这一点，确实很像你提到的新文人画那批水墨的探索。其实，就目前的年轻一批的水墨实验的结果来看，我感觉大部分还是停留在对现代性的探索上。当然，这也是有价值的。因为我们的水墨发展过程中，需要对形式本体的再研究与探索。而且这种当代水墨个人化的视角也为水墨的“现代性”以及“当代性”转向提供了充分的可能性。

所谓的当代性，在我看来，最重要的是对形式语言的动机有所思考，这一点可以从杜尚的小便池说起，从艺术史的角度来看，杜尚最重要的工作是提出一条跳越古典绘画逻辑（即形式主体）的艺术命题，这也为现代主义与当代艺术建立了某种区别。而所谓艺术的终结，其实恰恰是指形式主义美学观的终结。“艺术中的形式主义美学观 [Beauty for Ashes, p184] 一直在制约着艺术创作者的思维，无论实践者，还是评说者，在现代主义唯艺术论的主导下，以为艺术是独立存在的个体生命，是有艺术独立本体的形式框架，在艺术经过形式主义的试验演绎后终于走入枯竭，走向形式主义的终结；以形式主义面对当代艺术，必然迷惑、愤怒、震惊，以形式主义注解当代艺术，必然束手无策，多元化的艺术必然意味着形式主义艺术的破产和终结。而‘从纯形式的批评转变为形式——文化的批评是现代美术批评的一个重大突破’。”[易英《学院的黄昏》，第 5 页，湖南美术出版社，2001 年]

回到水墨创作上来看【图三】，我更愿意提到吕胜中的一件作品《山水书房》，这件作品曾经参加了威尼斯双年展，作者把元人作品《富春山居图》印在书脊上，当观者进入这件作品所提供的环境时，每个人都可以自由地抽取书籍，并随机地放回书架上，有意思的是，人们基本不会按照过去的顺序再插进去。那么，原有的《富春山居图》的视觉结构便被人的行为所改变，致使整个图像结构发生了变化，并且产生一种开放性的图像生成的机制，因为后来不断生成的图像结构都是因为人们把书随机插入进去而产生的。显然，这种观念与水墨的融合伴随着对水墨形式的突破，而出现更为前卫的试验，即是对形式主体的背叛与终结。在这里，形式不再是唯一的动机，伴随着形式外延的扩大化，形式的目的正在发生改变，即它不再是一个很封闭的主体系统，以更加开放的状态出现在美术史之中。也就是说，现代主义和观念主义最大的差异是：现代主义将形式作为创作的主体和目的，不断推动个体化的视觉表现；而当代艺术则恰恰需要创作主体对形式之初的动机进行反思。需要明确的方法论和观念视角，否则“形式”就是无效的！我们为什么说过去的绘画逻辑在今天的艺术主流中失效了？就是因为它没有跳出形式的逻辑来思考创作！

陈 琳 您个人化的水墨创作视角又是怎样的呢？

杭春晖 对我而言，水墨首先不是固化的概念，所以我没有沉重的包袱。1840 年以来中国社会的工业化进程，促使水墨有着自身现代性转型的需求。而进入新世纪以来，全球艺术主题的转变，也在一定程度上需要水墨的当代性转换。也就是对于过去水墨传统形式的反思、对于形式美学观的背离将开启了一个新的可能性！在这个语境下来看我 2014 年的创作，就会比较清晰。

2014 年的新作品，在对“形式”与“动机”的思考中，我努力跳出水墨绘画的思路，通过一系列关于“形式”与“观念”的作品实验，试图协调自己“跨媒介”创作的控制能力。其中《蝴蝶识别手册》系列作品，正是通过对蝴蝶标本的挪用及研究，模糊了东方绘画形式与西方科学理性的视觉边界。而《假亦真》系列作品，则通过“手工绘画”与“工业复制品”的视觉镜像，组合在一个新的作品结构中，深入地讨论了“存在”的相对性以及艺术家的权利问题【图四】。《绘画雕塑》系列作品，则通过双面绘画的形式，再次拓展了我们关于平面绘画的想像空间与观看逻辑。

在这些作品中，我一方面依然保持着前一阶段追求的绘画敏感度与画面的视觉经验；而另一方面，新作品里显然涉及到绘画的“物质性”以及“观看机制”的深入探讨，从而拓展了中国当代水墨创作中关于“形式”与“内容”的新可能。而这也为我未来的创作提供了一个更大的想象空间。在中国文化不断自觉的语境下，我认为这种“东方性的当代探索”会成为一种新的可能性，构建出关于中国文化与西方文化“历史”与“地缘”的双重桥梁。

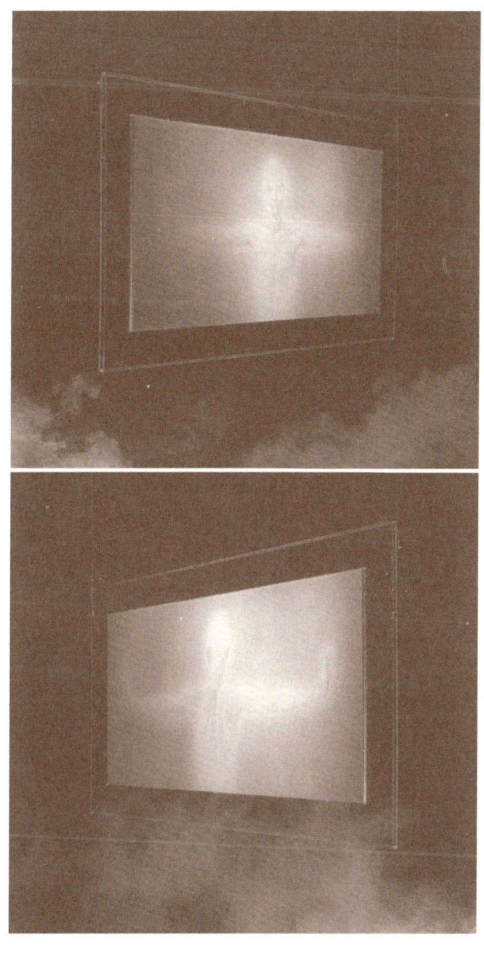

【图四】杭春晖《绘画雕塑—勇气》
88cm×181cm×2 / 纸本设色 / 2014 年

Third Exhibition
Form and Spirit

2014 —

第三回展　形神

[参展艺术家] 邓先仙 | 李军 | 李婷婷 | 潘汶汛 | 彭剑 | 彭薇 | 吴雪莲 | 徐华翎 | 杨宇 | 祝铮鸣

给青春的问题

—学术对谈—

作为新生代新工笔的代表，徐华翎的创作来自于学院，得益于传统，却与学院、与传统拉开了距离。徐华翎的创作主题多围绕青春的都市少女，表现女孩内心的微妙情绪，从人体中折射出带有青春气息的现代灵魂。本次对谈嘉宾将针对徐华翎的艺术创作展开探讨。主题『给青春的问题』，既是观者对徐华翎作品的思考，也是从创作者的角度对自身的反思。在读对谈了解徐华翎创作的同时，还可以看到艺术家最突破常规的作品。

[时间]2014年11月19日

[地点]圣之空间

[对谈嘉宾]徐华翎（参展艺术家）｜王静（资深媒体人，《Scope艺术客》杂志执行出版人、主编）

徐华翎 | 王静

王 静 谢谢大家今天到圣之空间了解徐华翎最新作品，我们的对谈现在正式开始。不用多说，大家对徐华翎都比较熟悉了，她的作品大部分是对于青春主题的呈现，包括作品当中年轻的人物、活力的信息，加上蕾丝裙、飘逸的年轻女孩的长发，这种题材具有飘逸的质感，非常适合用水墨语言来表现。徐华翎在新一代的年轻艺术家中是一面清新的旗帜，今天我们通过一系列问题，了解徐华翎艺术创作中的故事，包括她个人的艺术语言以及探索过程中的一些思考。

首先请问徐华翎，在 1997 年你还在学校读书的时候参加了非常有名的艺术团体 N12。这个艺术团体大家比较熟悉，N12 是近 10 年来最重要的青年艺术团体，具有先锋、民主的特质。想请徐华翎聊一下当时这个团体最初形成的时候是什么样的状态？是什么样的契机使这 12 个人走到一起的？

徐华翎 N12 成立之初，我们并没有设想过艺术小组的宣言或者理念。当时组成 N12 的成员基本组成的结构就是玩在一起很好的朋友，其中大多数都是 96 级的本科生。我们这一届和邻近上下届的十几个人，组成了这么一个团体。这个团体最开始结构很松散。

王 静 你们最早在哪一年产生了以团体面貌亮相的想法？

徐华翎 2003 年。那时候所有 N12 当初的团员都从美院毕业了，当时并没有给毕业的学生提供很好的展示空间和机会。没有像今天“青年艺术 100”等各种展现作品的平台。这种有规模的联合展览很多年都没有了，也是受到整个艺术市场低弥的影响。我们毕业的时候没有机会，我们就希望自己找机会。第一个展览地整个主题、基调都是我们自己定的，从根本上来说就是一个联谊展，没有太多学术上的策划。成员的组成，几乎包括美院各个院系，油画系占的比重是最大的，还有版画、壁画、国画、设计和雕塑专业的，基本上是各个专业都有。 2014 —

团体成立后，油画系办公室给了我们很大帮助。他们觉得能有这么一群年轻的毕业生愿意做展览，愿意投入到纯粹的艺术中非常好，于是帮我们联系了当时在王府井的中央美术学院的老陈列馆，说服负责人同意赞助我们做展览。我们自己出钱来做画册。画册设计找了设计系的广煜，当时他们也有三个人组成的设计小组。设计画册是免费的，因为他们将这个画册设计也当成自己的创作。我记得第一年广煜设计的画册还得到了国际性的平面设计大奖，同级别的还有设计比 · 约克唱片封面的设计师。

做这个展览时我们也想过找一位策展人，那时候是策展人的时代，他们对艺术家的选择权很大。我们尝试找了几位策展人，但多数都只对我们中的一部分艺术家感兴趣，而不是我们整体。后来我们索性不要策展人了，只找尹吉男先生写了一篇评论短文。第一年的展览反响很好，我们面貌较新，每个人还都有差异。不像其它展览，有专门策划的主题，我们只是自顾自地画，互相之间有点较劲的意味。觉得有相关性的作品就放在一起，然后再个别调整。基本就是这样，连每件作品的展览位置都是抓阄决定的，基本是这样的方式，做成了第一年的展览。

王 静 你觉得 12 个人互相之间的吸引力在哪？

徐华翎 最初的目的非常单纯，只想把自己的作品拿出来展示，因为那时除了美院毕业展，其他展览的机会非常少。因此我们只想构建一个平台让更多的人看到自己的东西，当时就是这么一个单纯的想法。这些人之间最大的吸引力、凝聚力就是友情，在一起聊得来，互相还算欣赏彼此的创作吧。

王 静 其实第一次的展览对大家后来的推进还是有很直接的影响的。

徐华翎 到第二年时情况就改变了。因为第一次展览之后，里面有一些人开始跟当时的艺术机构、画廊或者是一些藏家都有了合作。到了第二届时便不用自己出资，变成赞助商给我们出资。画册与场地费都有人赞助了。

王 静 我觉得美术史经常被一拨年轻人往前推动，比如 20 世纪 80 年代末，我们之前的那一拨前辈先锋和第一代艺术家，他们的实践也是在正值青春的状态当中完成的。大家在 20 多岁左右的时候，爆发出非常强的创造力，到你们 2003 年左右那段时间，也是处在正热血澎湃的阶段。以你们团体为例，当时年轻艺术家的生活状态大概是什么样的？跟在此之前的前辈艺术家有些什么差别吗？你直接的感受是什么样的？

徐华翎 我的印象中，第三届时所有人都有合作的机构、画廊和藏家了。我没有去比较过，我们唯有靠我们自己。即便是后来，我们这个组织仍旧是比较松散的。虽然我们多次在一起做展览，每个人都坚持自己的艺术主张，并没有因为在一起展览而相互影响、同化。更多时候，我们的交流是在展览上而不是在创作上。平时我们很少聊艺术，这种交集并不会很多，更多的是交流生活状态。

王 静 其实听你来讲，你们团体内艺术家们差异很明显，还是会更坚持个人化的对艺术的选择和方向。

徐华翎 是的。因为那时艺术小组极少，几乎只有我们一个。之后再出现的艺术小组跟我们并不太一样，后来更多的是在一起创作、工作。他们互相之间的捆绑联系会更加明显，无论是生活还是工作交集都会稍微多些，和我们不太一样。毕竟就一个艺术小组来说，我们的人数还是比较多的，有 12 人。

王 静 这是最初的环境或者是一个契机，把这 12 个人带到了让他更多关注的舞台上去。就从你个人发展来讲，你的艺术风格最初呈现的形态、你偏爱表达的这种主题大概什么时候出现的？你自己的思考是什么？

徐华翎 我现在的这种风格，基本上是在研究生毕业时确立的，是在 2003 年时毕业展上。画成这种感觉和我当时想画的内容是有关系的。当初做了好几套方案，有画京剧的、老照片的，还有画宿舍生活的，其实画宿舍生活就是这个题材的前身。做了几套方案之后，我觉得最贴近我生活的才是最适于我表现的，我还画过农民工，画过很多种题材。

王 静 美院毕业的艺术家经常会表现都市主题，或者自己的生活，这是普遍现象吗？

徐华翎 2000 年左右时，还是主题性创作在院校里比较流行的时候，大部分毕业生创作时都会画一件比较大的作品。如果是人物专业毕业的，能力比较强的，他会希望至少出现 10 人左右，有宏大叙事的效果。

我在这里讲一个故事，当时我把自己的几套作品给导师看的时候，导师觉得最贴近我的是最有感受的，所以他觉得还是画我自己最喜欢的或者身边的事物比较好，我画的民工实在是太不像民工了。画立交桥就完全没有人物了，因为我是人物专业毕业，如果画立交桥这种完全空旷漠视的感觉，就太冷了，所以导师建议我画宿舍生活。然而定稿子到我真正开始创作时内容完全起了变化。最开始画面里的人还有动作，还有一点情节性，还有一些背景和道具之类，是单纯的女生宿舍生活的感觉，一眼就可以看出这是画的什么地方，但我觉得好像太写实化、太正常了，于是我就开始做减法，把我认为多余的东西都删除。最后人物简化到就剩下一个躯干，站的姿势就是直立的，按照传统审美来讲简直毫无美感可言，我有意把人物直立塑造，于是呈现出类似纪念碑雕塑的状态。其实我在以前作画和上学时特别能折腾，没怎么正经在国画材质上画过画。宣纸、绢都很少用，都是在木板或者布这些东西上面画。反倒是毕业时，想要表现这个题材，恰恰是绢比较适合。因为我想要的是隐隐约约中有点清润和神秘，并且外加一些冰冷之感，所以其他的材质都表达不出来我期望的效果。

第一张画出来时特别像素描，又特别像油画，像单色油画。画完之后觉得它跟我要的感觉还是不一样，最后又折腾。把人物的色调和线全都进行了整体变化，才达到了我想要的效果。我的作品面貌初步就在那时候制定下来的。

王 静 这样听起来，我觉得最初的时候，年轻艺术家要表达的东西太多，可能画面就会呈现过分丰富的状态。而由于你艺术上的敏感或者说这种取舍标准在那个时候就很成熟了，知道自己要的是什么，才能进行删减，减是最难的事情。

徐华翎 我从事创作比较早。虽然没有毕业，但从附中开始我就自己进行创作。如果这样计算累积到研究生毕业的话，差不多也有 8 年左右的时间了。那期间我的绘画风格一直在变，那时候我画出来的东西跟现在的作品是完全不同的。有一段时间画的颜色很绚烂明丽，内容也很丰富，也有过很繁琐的时候，这个状态持续了很长时间，还曾经对那种技法和材料特别迷恋。还曾经像工匠式地自己做颜料颜色，这些都尝试过。

在最后达到这样的效果之前，我已经经历了很多年地探索。我只不过是比别人开始早一些。因为我们那时候上附中就要有毕业创作，这是非常好的一点。在附中画毕业创作是我的首张创作，我就觉得我不会画创作。

王静 难度在哪里?

徐华翎 创作最大的难度在于你想要画什么，这跟别人给你摆好了，要你画什么是不同的。我原来一直是在被动地画画。其实从绘画之初这些都是安排好了的。你只要把对象照着画下来就好了。到自己创作时，首先从想要画什么到怎么画，到如何去完善它，会经历很多思考过程。最后在画的时候才发现自己其实并不会画它。想要自己主观地去表达创作思维，其实很困难。因此从附中四年级之后，我把自己的重心完全调整到怎么画创作上面来了。上美院之后，我在上写生课时都没怎么画写生作业，都是在琢磨创作怎么画，把自己大量时间都挪到这里来了。美院四年我也很庆幸学的是工笔人物专业。老师对我们相对宽松，没有特别硬性的规定，所以那几年很自由地试验了很多我想要的方法，尽管不成熟，但是对后来都有很大的帮助。

王静 工笔人物专业对于水墨传统的继承有专门的课程或者要求吗？

徐华翎 其实整个国画专业都有类似的要求。整个国画专业的课程就是三个部分组成的，先是临摹，然后写生，再是创作。我上美院之后，临摹其实是很投入的。临摹的部分，无论是线条还是重彩，我在临摹时都感觉挺有意思的。只有在写生时感觉总不在状态，基本上画出来的跟实景都不太相同了。但是传统的学习，除了临摹以外，基本没有主动思考。可能我对这些东西的理解还不够深刻，因此没有产生兴趣。

王静 对传统产生兴趣大概是什么阶段性?

徐华翎 大概是等到毕业好几年之后，2007 年、2008 年时，我对传统才有一种很亲近的感觉。上学的时候完全是游离的状态，我都觉得我不是国画系的，临摹的时候我没有理解传统精神，只是在学习传统技法。

王静 不过在打基础的阶段，那个过程是不可少的。

徐华翎 最重要的技法上的学习大部分都来自于临摹。不管是勾线还是颜色的各种染法，都源自对传统的学习。后面的写生和创作都是用传统的东西跟自己来结合。

王静 毕业创作还比较偏重形式上的呈现，怎样确定了后来的创作主题?

徐华翎 后来的创作，我逐渐确立的创作主线，就是对十几岁到 20 岁左右年龄段青春期女孩的描绘。对她们的情感、她们在社会生活上的体验以及她们各种方面的描绘。其实，这也是在画我自己的心情，只不过我把范围拉得很开，可以一直延续到画面上这个女孩在工作、生活、情感当中各种各样的感受。无论是失败也好，喜悦也好，从形象上来讲都没有变，一直是处在那个年龄段的形象。

王静 你赋予作品的内在感情色彩是很丰富的。

徐华翎 每个阶段都是有变化的。最开始我在做“香”系列的时候，更多的只是画面达到我的要求就可以了；后来从 '依然美丽 ' 系列开始，加入了对社会上女性各种各样的感受，无论画面的内容、效果还是构成，都跟以前不太相同了。只是主题其实没有太大的变化。再后来做 ' 之 · 间 ' 系列，是源于我对原主题的长期描绘已厌倦，已经画够了。我其实不是个特别主动去寻找要画什么的人，基本就是觉得自己不想画了才会去寻找下一个主题，属于很被动的方式。我在感觉疲倦不想画的时候开始进行了 ' 之 · 间 ' 系列。这是我对原来整个画面简化的补偿，因为之前的画面基本上都没有背景，都以人物为主。但是我还是有一些感兴趣的东西，不知道怎么加入到画面里，所以就用了两层叠加的方式，我可以把我所有感兴趣的事物都有这样的方式加进去，所以就出现了这个系列。

王静 有时候这种探索是自然而然的，但是在外界看来需要极大的敏感和直觉。其实水墨这种材质，大家探讨新水墨的时候，可能会更多关注年轻一辈的艺术家。我觉得主要在于年轻的艺术家吸收了当代与传统的各种手法，要在这之间找一个恰当的存在空间。

'之 · 间'系列，是在媒介语言探索上更近一步的表达，能够拓展水墨空间的更多可能性。你刚才说得比较随意，有没有理论性地思考过，这样一种叠加的方式，有可能走向什么样的方向呢？

徐华翎 我觉得还是要从具体的作品出发，因为我不太善于调动这种装置的空间艺术来表现我自己的东西，我更喜欢在平面上来做。

而且我的一个特点就是对自己的艺术不设什么边界，比如，你刚才说的我把这个东西加进来之后，把整个水墨的载体都改变了。其实对我来说，一开始我就没有把自己界定成水墨艺术家，没给自己贴标签。我在创造的时候，脑海里没有边界，我觉得可能这个东西适合我，我就拿它来做了，所以最后导致的效果就是这样。但是因为最开始我在做这个东西的时候，我觉得这种方式最适合我，我就选择了水墨和绢作为载体。其实在 2008 年以前没人认为我是水墨艺术家，因为那个时候我们 N12 小组是当代艺术的团体，我参加所有的展览都是当代艺术的展览；但是 2008 年之后，我被归为水墨艺术家，我就自然地接受了，别人怎么说，就随他们去说好了。接下来我也不一定会坚守这个东西，也许还会变。

王 静 对艺术家来讲，展览是很重要的一种呈现形式。N12 勿庸置疑是你们这批人最重要的开始艺术生涯的展览。在这之后有哪些展览，无论个展还是群展，对你来讲有重要的意义？

徐华翎 我这么多年严格意义上只做过一次个展，是 2007 年的时候，在北京做过一个个展，之后又巡回到美国去展。我为这个展览做了比较系统的主题的创作，是关于侠女的系列，原型来自 20 世纪 70 年代香港的武打片。我对那个年代的东西特别有感情，以前一直不知道怎么画，在那个展览上实现了我的想法。除了绘画作品之外，还做了一件装置，把我心目中关于对江湖和男女爱情进行了一些阐释。我当时做得还挺过瘾的，因为那个展览基本是完全按照我的想法实施的。这次个展对我来说很重要。

另外我觉得比较重要的一个群展就是在 2008 年杭春晓做过的一个展览，叫“幻想 · 本质”。 那次展览对我身份的界定产生了重要的影响，展览把我拉到水墨的阵营。从那之后，艺术界都把我归为新工笔、新水墨艺术家了。而且杭春晓那个展览做得非常用心。

王 静 刚刚讲到侠女系列，其实是你日常的一些兴趣所在，这些兴趣可能跟你的创作没有直接的关联，但是经过沉淀或者过滤，就会转化为你创作的养分。你主要兴趣的方向在哪里？哪些因素会对你的创作产生影响？

徐华翎 兴趣点以前集中在音乐和电影上多一点，还有旅行，这三点是最重要的。现在听音乐的时间越来越少了，旅行变得更重要了。之前上学的时候，对日本的电影特别感兴趣，现在对家居也比较感兴趣。

王 静 我之前看到你们家整体布局特别有格调。

徐华翎 其实人随着年龄增长，审美会变得越来越单一，趋向越来越明确。比如说我现在喜欢的东西，审美的趋向特别明确，就是简单干净、单纯、有设计感，但是又舒适的东西。我的家跟我的画挺像的，基本上人、画、生活合一。

王 静 作为一个女性艺术家，在个人生活中，会经历很多身份上的变化。感觉你在身份转变的过程中，过渡得非常自然和顺畅。在这个过程中，你自己内心的变化是怎样的？

徐华翎 现在的整体环境对女性艺术家比以前要宽容得多。我在刚毕业的时候，大概 2003、2004 年，能够明显感觉到，那时无论是经纪人还是画廊主，还是各种各样的机构藏家，都对女性艺术家抱有一种怀疑态度，他们会觉得现在画的还行，将来还会不会接着画？过了几年之后，我感到这种对女性艺术家的怀疑态度明显减弱了，一方面由于大的艺术环境越来越好，另一方面是现在女性艺术家出类拔萃者越来越多了。

就我自身来讲，我特别幸运，每个时间点都算控制得比较好，就像你说的，一直在各种身份的转换上还比较顺利。因为我的先生是跟我从上学的时候就一起画画的，所以我们两个从谈恋爱到结婚这种身份的转变上没有任何的不适应。我在成为妈妈之前，那个时候已经非常明确，将来肯定要一辈子画画了，只不过是时间如何分配的问题。需要舍弃一些东西，另外一些方面则要看得重一点。

王 静 你在个人的成长过程中心态上有什么变化？

徐华翎 我觉得自己在内心上变化挺大的。我在十几岁的时候，我对人生的看法是特别消极的。我觉得人活到

40 岁，基本上该经历过的精彩都经历过了，就可以结束了。到 20 多岁的时候，觉得好像还挺好，也可以结婚。到 30 多岁的时候想要不然生一个孩子吧，也试一试当妈妈。

现在当了妈妈之后就觉得痛并快乐着，身体上很累，但是能体会到更多，感受比以前要复杂得多。以前更多的只要把自己和自己的事业照顾好就可以了，现在要处理方方面面的关系，多一个家庭成员，整个的生活步调全都变了。但是还能很好地协调创作上的时间和自己的空间。我觉得主要是看你把什么东西看得最重要！职业妈妈现在也挺多的，如何协调分配时间也是艺术。我觉得有了小孩之后，整个想法跟艺术上也会慢慢地变化，随着时间潜移默化地转变。

王 静 有评论说你有非常好的学院基础，同时对传统材质地掌握得非常好。但你的作品又是在传统和学院之外发展出独特的面貌，走出了学院和传统的局限。你现在还有一个身份是美院的老师。你是从美院成长出来的艺术家，又回到美院做老师，对于传统和学院你有哪些自己的思考和认识？

徐华翎 我觉得央美国画学院挺宽容的，我不属于坚守传统的类型，但是他们可能看到了我在艺术上有一些可取的特质，让我回去教书。我的教学方法跟其他老师不太一样，因为每个老师都有自己独特的点，都是基于自己的艺术主张。

我不希望学生完全钻到传统里面，因为从我的角度来说，我始终觉得传统是太博大精深了，搞艺术的人容易完全陷入到里面，会觉得前人永远无法超越，会让人感到绝望的，从而丧失创造力。

我跟我的学生强调主要从局部入手、吃透，就是自己认为有用的、跟自己最贴近的或最感兴趣的一些点。生活在每个时代的人，肯定有这个时代的印迹和优势，可以把自己的眼光尽量地放得开一点，我会建议他们多看看外国的东西，或者看当代艺术的东西。包括有些同学去实验艺术专业上一些选修课，我觉得都是特别好的选择。我觉得可以把他们的视野展得更开一些。

学生在于引导，每个学生的优势也都不一样，有的学生想法多一点，有的学生动手能力很强，有的学生喜欢钻研某一方面，各有各的特点，需要因材施教。一般来说当代艺术的东西更容易与年轻的学生产生共鸣。至于传统的东西，显得比较高深，我觉得不到一定年龄去理解它是有困难的；但是作为中国人，拥有中国传统的东西，天生就有一种优势。我觉得有很多传统的东西，是根植于中国人血液中的，而且传统不光是视觉上的，比如很多人有饮茶的习惯，讲究茶道，这其实就是活态的、日常化的传统。我觉得对待传统的正确态度是把它用起来，让传统保持活性，而不是供奉起来膜拜。

不要想到『新』，也不要想到『水墨』

—学术讲座—

彭薇是当代中国画青年艺术家的代表。她的作品结合了中国文人画的经典美学与当代生活形态的表现方式。汉服绣履曾是她长期以来的创作题材。近年，彭薇将她的笔墨游戏拓展到三维空间，创作了系列绘画装置作品，在「中国当代青年水墨年鉴展」上，彭薇以其独树一帜的绘画装置，赋予了古代经典新的生机。

[时间] 2014年11月19日
[地点] 中央美术学院17号楼202教室
[主讲人] 彭薇（参展艺术家）

彭薇

有害的“成功”

我小时候是一个小胖子。5 岁时第一次来到北京，是因为我画得比同龄人好些——少年宫画得最好的小孩，得了奖就被选派到北京当代表，跟北京市少年宫的小朋友交流。但我完全是无意识的状态，只记得在火车上吃冰淇淋，然后到了车站拍下这么一张照片。那时画画的状态真的非常有意思，完全不知道自己在干什么，拿着毛笔玩一通，就被大人夸，夸了以后就能得到小的奖赏，比如一块蛋糕、一副跳棋之类的，所以我当时觉得画画是非常开心的，也是无忧无虑的，童年特别美好【图 1】。

【图 1】

这张也是小时候的照片，已稍微有点瘦了，好多小孩围着我。我现在看这些照片觉得挺有意思，当时觉得很害羞。有人围着我看我就会害羞，却经常会被拎出去给人表演，以至于我现在落下一个毛病——一看到关于水墨各种行为艺术就特别受不了，毛骨悚然，可能是跟小时候老给别人表演水墨技巧有关吧。后来还养成一个毛病，画画的时候不能让人看，完全是一种逆反：小时候是表演给人看的，到大了是不想给人看【图 2】。

这是我 7 岁时画的，也是我唯一留下来的小时候的作品。我小时候画了很多画，家人只给我留下了奖状和奖杯，画却都扔了，留下这么一张。现在看看画得挺幼稚的，但是，小孩的画没有不好的。小时候的偶像是齐白石。对小孩子来说，齐白石的那种画法是很合路子，这是非常好掌握的一种写意的方式。就小时候画画的经历，我想到一个词是“有害的成功”。记得我到了小学末期，已经对绘画厌恶了，因为得了很多奖，不断被人说成小画家。当时想，以后一定要当一个画家吗？必须吗？又想想好像只有这一条出路，顿感压力巨大，觉得要是以后画不好了怎么办？将来要画什么样的画？因为我不可能继续画小时候这种东西了，但是要跳开这种情形画什么，我一点都不知道，结果这成了一个沉重的负担【图 3】。

所以到了中学，我就打算放弃画画去学外语。当时最基本的想法是学好外语可以出国看更多的东西。

2014 -

“看”很重要

我非常认同约翰伯格的一段话，“绘画是这样一种艺术，它提醒我们时间与可见之物乃成对地一并产生，产生的所在是人的心灵——它将诸般事件纳入时间的序列，将种种表象合为所见的世界。随着时间与可见之物的产生，一种在场与缺席之间的对话由是展开。我们全都实践这种对话。”我在自己创作经验里深有体会。只有真正去做和看，才能有想法，才知道自己要做什么；好想法是随着实践产生的。假如你只是想不去做的话，一点意义都没有的。但是，假如你只是看的话，好像也没有用，看的越多有可能越糊涂，越不知道该做什么好！只有做出来，然后再不断地修正、不断地看，或者是经常对你做过的东西自省，才会产生好的作品，至少不是那么简单的空洞的画作。

【图 2】

我蛮喜欢橱窗的，所以每次去纽约都会拍橱窗。那里的橱窗每一季都更换一次，非常好，甚至不亚于我们看到的很多当代艺术，这样的东西放到博物馆里也很有意思。“看”很重要，你不能局限在自己的领域，只看到水墨这一摊，你可能要看得更多更远。要没有芥蒂地去看。为什么我小时候有那个困境，后来我想：小时候看的东西太有限了，第一是年龄太小，看到的少；第二是我们在中国看到的资源也非常有限，博物馆也没有开放。

以下都是我看过并非常感兴趣的东西：比如这两个，我认为可以做一个对比，这个是日本的，当代卡通的艺术【图 4】，这是公元前 5 世纪左右的玛雅文化时期的艺术【图 5】。我觉得前者相对于后者，好像没有什么进步可言。这个也是指向我今天要说的主题这个“新”字。现在“新”似乎被过度使用，尤其是复合词“创新”。普遍认为创新就好，但是，我不能确定这是否正确，这很难判断。可能“新”对很多人来说只是视觉上的新鲜感。

对我来说，还有一个更重要的概念，这件东西是否特殊？是否真的吸引我？它身上某一种特质，我其实挺想说这是一种美的特质，但是这个美也许不是普通意义上的美，有点像里希特讲过的特别有意思的一句话——他说“我愿意说我信仰美”，这个美是有丰富的感受力的，不排除严肃与有趣。

我最喜欢的西方绘画是文艺复兴早期的湿壁画，我觉得它跟中国画非常像，它的创作方式也跟中国画很像——要在比较湿润的状态下才能画。它有很多的线条，非常质朴。到了文艺复兴鼎盛时期，像米开朗基罗他们的绘

【图 3】

【图 4】

【图 5】

画，我反而不太喜欢，他们的艺术过于自觉了。后期直到浪漫派，无论文学还是艺术，“我、我、我”这个词大量地出现。“我”成熟了，却少了天真质朴。

任何好的艺术都有神性的东西在里面。这幅画是安吉里科的，一个修道士，他可能一辈子都在佛罗伦萨的修道院里。圣马可教堂每个祷告室都有一幅小壁画是他画的。我觉得他画得很开心，很诚恳而开心，恳切地将天赋献给他相信的东西，实现在墙上。我强调“诚恳”这个词，在梵·高的作品里也有这样的东西，就是这个诚恳劲儿虽然很傻，但是很重要。

看了这么多以后，我想说，绘画尤其是文艺复兴时期的绘画都是具有故事性的，但是，到了几百年以后的今天，我们再看，绘画所表现的故事还重要吗？这是我现在也遇到的一个问题，因为自己画出来的画被收藏以后有藏家问我，他说你这个画讲的是什么故事？一下子就把我给问住了，其实我那个画可能真的是有故事的，但是我从来没有想过这个故事在这里有多重要。我知道有一些艺术家很会讲故事，他用他的画面、意象或者是别的图像结合来讲一个故事，或者借古喻今。但是我不想以故事为噱头，因为我认为故事对于艺术家和真正喜欢这件作品的人来说并不那么重要。就像文艺复兴时期的壁画，每一张都表现一个故事，但是我作为现代人面对这些画的时候，只在乎它画得有多诚恳，多好玩，或者多幼稚，或者颜色，笔触有多动人。我想，一件超越了时间还能打动人的艺术品，应该不止于它的故事性。

种种细节构成了一种感受，构成了一种让你觉得兴奋或者是不兴奋的感受。一件作品能够吸引人一百年，究竟是为什么？我觉得就是这些当时的人在创作时，他的真情实意完全的流露在里面，当然这个人必须是有天赋的。这也跟刚才约翰伯格讲的话是一样的，作品是骗不了人的。绘画时，你的思想自然地会降临在这张画上，你想取悦别人的时候，这种感觉就会融在你的绘画里，同时你的视觉经验或者你这么多年积累的创作经验也会体现在画面上。所以我认为将真实的经验诚恳地说出来是对所有艺术家都是非常重要的事情。不见得你要说好一个故事，但是你要用最恰当的艺术方式很诚实地说。

大家请看这两张中国画，鸭子是齐白石的作品【图 6】，另外一张是无名的春宫【图 7】。这两张画呈现了跟西方绘画完全不同的系统和创作、思维的方式。同时这些画非常生动并且有趣味。中国画并不强调写实和结构的绝对准确，比如赵孟頫画的马，真实的马不是那样，但是作为画，它很“对”。这可能是我为什么喜欢中国画的原因，错在一块都是很对的东西；而在西方，要到印象派才发现这一点。

【图 6】

【图 7】

从一棵白菜开始

大概 2000 年的时候，我偶然开始临赵之谦的花卉，通过临摹，居然找到了适合自己的创作方法。这种方法非常即兴，要随机应变，完全是无规律的，但同时又很痛快。所以当时画出这棵白菜后【图 8】，我发现任何东西都可以入画。但画着画着就不满足了，因为我又发现了古代绘画的资源。

我翻中国古代的画册资料，遇到了一个全新的视觉经验，就是宋徽宗的《祥龙石》。当时这张《祥龙石》真的有点给我当头一棒的感觉，我觉得画得太现代了，简直像当代绘画。于是我受到启发，开始用自己绘画的语言重新再诠释“石头”这个主题。不夸张地说，宋徽宗的《祥龙石》也应该是所有现代画家画太湖石的一个标本。

我在画石头的时候不论多大尺幅都会从最顶端的一笔开始，然后不断地蘸水蘸墨，就这样画到最后一笔结束。完成后画面完全无法改动，因为没法重复。在画的过程中，这要留一个洞，那要加重一点，都是秒秒钟之间决定的事情，所以一张两米的画，必须在半个小时内画完，成功率很低。但是这个方式非常痛快，而且有点像行动艺术的感觉，是非常冒险的经验。只有在画完以后，在一大堆作品里反复挑捡，可能才有合适的石头题材的作品出现。我觉得跟在自然中找一颗好石头的过程非常像，这个方式被我一直保留下来了。从 2000 年一直到现在，我都会选一两个月做这个系列的作品。

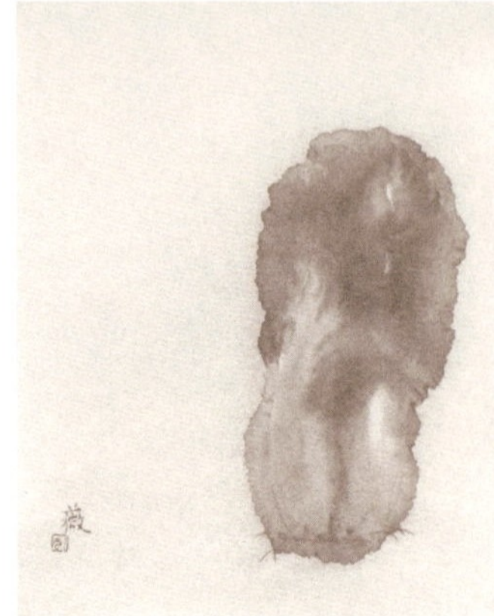

【图 8】

2000 年的时候，国内还几乎没有国画家单独画石头。后来刘丹 2004 年回国，我才知道有这么一个画家也在画石头。

我这个石头画出来以后，有 10 年都没有任何人来关注和收藏；我也不在乎，其实也是为了好玩才去画。那个过程已经让我很开心。

2009 年的时候我发现了一种很适合石头的题款方式，跟宋徽宗那张画拉开了距离，并且做了这么一个屏风。做了这些以后，石头系列的第一个作品才被收藏，而且不是中国藏家，这让我很吃惊。作品是希克收藏的，收藏之前，他问了我很多问题，他问我，为什么这个作品是当代的，是否可以纳入他的当代收藏？我跟他说，“我真的无法知道他是不是可以纳入你的当代收藏，因为当代这个概念来自西方；但自引入了当代艺术观念以后，中国发展了另外一个当代艺术体系。而我要做的事情不止于当代性，我想做超越时间的东西。”然后我把自己整个的绘画方式告诉他，他认为这应该是非常现代的创作方式【图 9】。

对于国内的策展人来说，我这样的画在他们眼里其实特别的传统，所以从来没有一个策展人要求我展览这类的作品，他们认为这不是当代的。我们可以看到一个特别好玩的现象，其实国内的语境跟国外语境是完全不一样的，这也可以反过来证明我刚才说的视觉经验产生的结果。这在希克的视觉经验里是完全新鲜的，但是在国内一些人的眼里可能是不新鲜的。而我的探索，就在各类经验的边缘。我喜欢这种边缘感。

这张画是我 2005 年画的石头，一直没想好怎么落款，其实这样的构图跟宋徽宗的《祥龙石》蛮像的。最后我在后来做遥远信件系列的时候，突然找到了落款的方式——我写了一封信在下面，这是帕斯捷尔纳克给里尔克的最后一信，为什么要选这封信？我不知道大家知不知道这两个人，帕斯捷尔纳克是苏联时期非常有名的作家，得过诺贝尔文学奖，里尔克是德国的诗人，他比帕斯捷尔纳克老一点，他们通信几个月后去世了。帕斯捷尔纳克、里尔克和另一个重要的俄国女诗人茨维塔耶娃，三个人同时有过一段密集的通信；而关于诗歌，那个时期又正好是苏联隔离最严重的时期。通信以里尔克的去世而结束。这封信就是里尔克去世的 5 年之后，帕斯捷尔纳克写的。这三人无疑都成为了后来文坛的神。我觉得这封信放在一个石头旁边非常有意义。因为这个石头对于中国的文人画家是有文化意味的，石头被人格化了，为什么文人喜欢石头，而且都是些奇石？是因为每个石头的性格都不一样，又是非常独立完美的个体。所以我会把这信放在这个画作旁边，但是字写得非常小，都看不清楚。

到了 2011 年的时候，我绘画的野心越来越大，发展出其他展示的方式。从石头这个系列，大家就能看到一个人的野心是怎么增长的——从最早的小白菜到 6 米多长的大画。我最早开始画画的时候，就在很小的板子上，但是现在变成了两米多长的桌子，变成更大的工作室。这一切都起源于最初的那棵白菜，没有那个开始就没有现在。

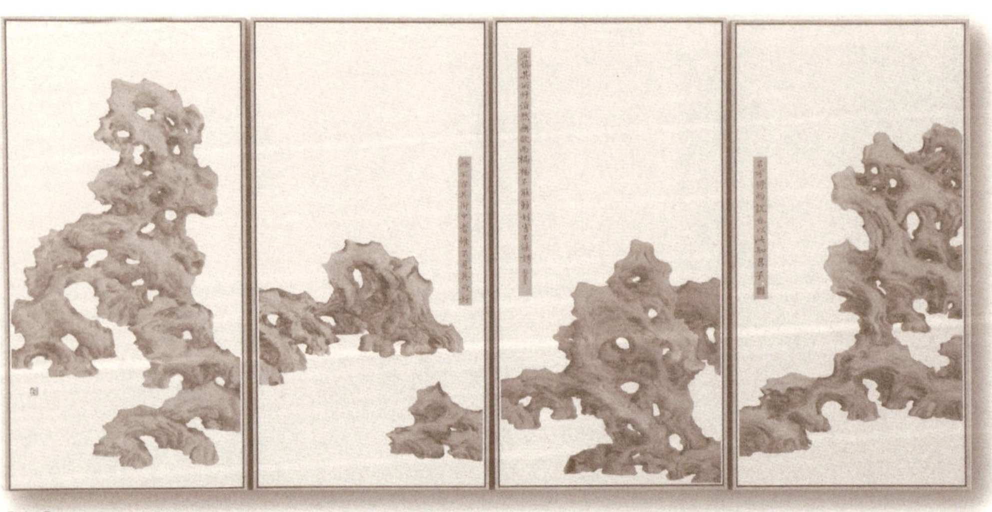

【图 9】

物质的延伸——鞋子和衣服

在画白菜、石头之后第三年，我突然找到鞋子这个主题，也非常偶然。也是因为看到了一本有意思的图录，是大都会美术馆收藏的鞋子。于是我自己就开始了鞋子这个系列的创作，没有预想，只是纯粹源于兴趣。作品完成后突然发现，好像从来没有人用国画的方式来画这个主题，立刻得到了很多人的赞赏，被认为是新水墨了。那时没有画廊，也没有当代艺术展，只能去参加美协的展览，他们不知道该把我分在哪一类，说："不是花卉也不是人物，也不是山水，就把你分在实验水墨吧！"我当时还很生气，跟那个老师说，"我一点都没在实验，这不是实验水墨，我也不知道这是什么。现在有一个词叫'新水墨'。这能算吗？我不知道"【图 10】。

这个系列我大概画了 3 年，每一件都很小。有一天我遇到了好朋友李松松，很激动地给他看我画的鞋子，看后他突然来了一句："你知道安迪沃霍尔也画过鞋子吗？"我说我从来没看到过。后来托人从美国带了一本安迪沃霍尔的鞋子画册，安迪沃霍尔的确的画过很好的鞋子。我之前真的不知道，而且我发现安迪沃霍尔画鞋子的时候，他也完全无意识是在创作。他在画这些鞋子的时候，还不确定自己能不能做艺术家，那时候是给时尚杂志做设计，这些鞋子都是给杂志画的插图。安迪沃霍尔问自己的老师，自己什么时候才能成为艺术家，他的老师就指这些画说，你现在画的这些东西已经是一个艺术家的东西了！无意识下面产生的东西真的非常有意思。在我这里，鞋子后来演变成了衣服、鞋装置，也可见我对单一图像的太痴迷。

等我画到衣服的时候，有一天突然想到，我可能跟安迪沃霍尔真的有一些相似点。我是一个都市女孩，我非常爱都市，喜欢商业化的东西，所以在自己的作品里，带出一点波普的感觉吧，喜欢画这种单一的物件。衣服的系列持续了 5 年，我认为够了，我的想法似乎被这种图式束缚，不要再玩下去了，所以这个系列就此结束了。

之后我尝试做绘画装置。今天再看这个作品的时候并不觉得好，我不知道它为什么会被很多策展人点名拿去展览。现在看来，我当时做这个的时候可能没有像之前那么自然，太想要有一个特别的方式了。因为当时这个作品诞生于我画衣服系列画了 5 年之后的厌倦期，突然发现了这种方式。不过，做了这个我发现，自己最最好的部分还是绘画【图 11】。

遥远的信件

"遥远的信件"是我最近做的系列，是目前最有兴趣谈的。我不能忍受一直重复画某一类东西或者某一类主题，一个系列的创作最多五、六年，就会有厌倦感，会立刻停下来，即使有再多人来问都不再做了。对于市场来说，重复是有意义的；但是，我想自私些，不想辜负自己的才能。"遥远的信件"系列是我从 2012 年开始做的，契机是我 2005 年画的一本春宫册页，那就是这个系列的雏形——把册页的封面和里面的画全部作为一幅整体的绘画来做，而且做成一本厚厚的书的形制。最初的想法，是想做成像手绘书一样。因为卷轴和册页是中国古代绘画特有的装裱形制，我发现我有时候对里面的内容根本不感兴趣，真正感兴趣的是那个一本本、一卷卷的样子；所以做这个选题之初，我最明确的想法是要做一个个的物件，绘画的物件，作为物质的绘画。

我当时画完一册以后就没有继续。到了 2012 年的时候，这张画很偶然地被收藏了，我突然非常想念这个题目，于是说再画吧，弥补遗憾。然后就产生了卷轴册页的系列，已经做了有 40 多件，持续了 3 年，这一类作品还在不断增加。因为第一件作品被收藏，没留下任何副本，所以在做这个系列的时候，我采用另外一个方式，画一个原作的同时会做三个高仿复制件，然后把复制件和原作一起展览，做一个装置作品。为什么要复制作品呢？我觉得对于当代艺术家来说，获取艺术信息最重要的来源就是印刷品或者网上的图片，所以我非常喜欢图像信

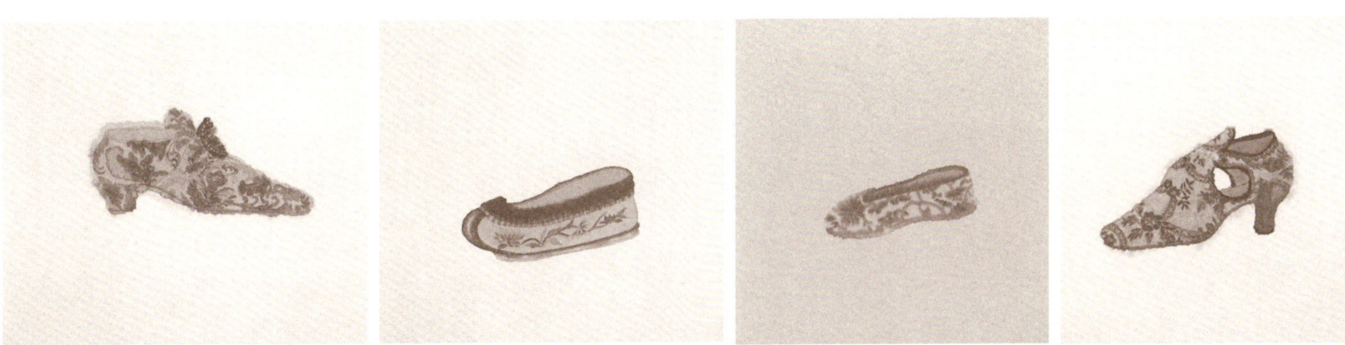

【图 10】

息，而且非常感念这些图像，做复制件，有点纪念的意义。而且这个装置还呈现了我最初的本意——我要给大家看的不仅是绘画，而是作为物质的绘画的存在。它是经过我细微改变的一个物质，貌似传统，但是被我重新整理了以后，它似乎变得有些现代。

为什么这个系列叫“遥远的信件”？是因为我们每一个卷轴册页都附了书写的一封信，这封信不是中国人的，也不是古代中国人的通信，是西方我喜欢的文学家或者艺术家之间的通信，我觉得放在卷轴册页的形式里非常合适，因为卷轴册页是古老的中国画装裱形式，它对我产生了影响；同时这些西方的文学家也对我有影响，他们同时进入到我的创作。

有一天一个朋友来看到，他觉得这个东西有意思的地方在于可以不用打开，本身就是一件作品，打开里面又是一幅绘画。他引用了论语的一句话“用之则行，舍之则藏”来比喻这一系列的作品。这句话听意思，直白点说，就是得到机会时，把握机会，施展抱负；反之，就把自己藏好养好，独善其身。

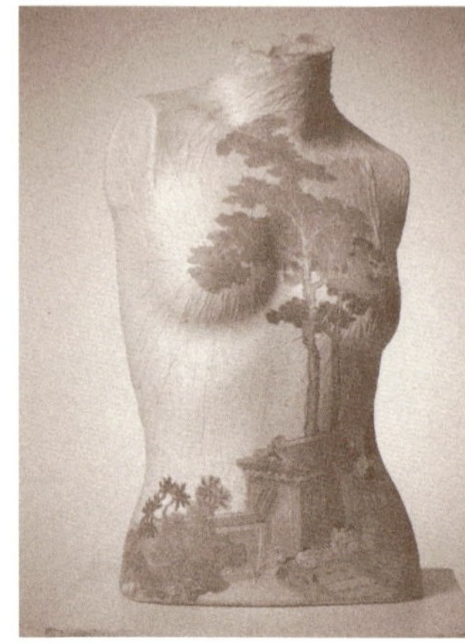

【图 11】

“尴尬”的扇子

说到“用之则行，舍之则藏”，我想说一个很尴尬的经历。2014 年，我开始画“扇缘”系列，曾经在微信里发出来几张照片，结果就有人给我提意见，说我这个是水彩画，不是中国画。我想可能是因为我画的不是中国人的形象，有人就认为这不是中国画。但是在我自己看来，我用的完全是中国画的绘画方式和材料。

我把这事跟一个朋友讲了。朋友说，你不要听他们的，你抄了那么多信还不明白吗？印象派早期的画当时都卖不出去，所有的人都认为他们画得很差，但是到了 100 年以后，当时所谓最好的沙龙画家的作品再也没有人看了。人总是对陌生的经验怀疑否定。从来没有人用纯粹中国绘画的方式画西方肖像，而且是在咫尺的扇子上，它的确让人陌生。你自己画得开心才重要。

“开心”很重要。我后来发现是这样的，为什么我要画扇子，是因为我在扇子上找到了又一个新的经验。因为我太喜爱之前给大家看到的那一批文艺复兴早期的湿壁画了。我收集了大量的湿壁画素材，当时完全出于喜欢，没想过如何去用这些资源。突然在今天夏天，朋友送了我两把扇子，我一下子找到了合适的形式和载体。扇子在一些人眼里也许只能算是小品，但是我觉得对于我来说，作品无所谓小品或者大品，只有好或者不好的区别。

关于“新”和“水墨”

回到开头说的被过度使用的“新”，从个人创作的角度，一个艺术家的作品就如同他的孩子，可能有自己喜欢或不太喜欢的，长得好看的或长得不好看的差别，但是没有新小孩或旧小孩之分。所以我要说：不要想到新。新对应的是旧，或者说“新”直接导致“旧”。一味追求“新”是危险的，有时所谓的“新”不过是因语境改变导致的变化。

从整个艺术史的角度，我认为观念都会过时，从新变为旧；但是我们为何还在谈论杜尚、安迪 · 沃霍尔，这些早已不能代表新观念的艺术家？大概是因为，至今在某些方面仍然没有人超越他们，这可能就是他们真正厉害的地方：知道在“新”之外，还有更不易过时的标准存在。

说到“水墨”，我想这仅仅止于技艺。在宋代应该没有一个画家会有意识地想．我画的是水墨，他只会想怎么画得更好。而我既不是在改变传统，也不是继承，更不是试图让传统出现新意。传统在我这里有它自身的不可更动性。我对传统感兴趣的不仅是技法，也包括物质、文本，更包括每一件作品背后的那个人。就像尼采说的：“人啊人！”我承认传统是一种巨大的资源，源源不断地提供给当下的作者。我在以自己的方式使用、研究这个资源，研究图像、文本的研究，我改变了他们存在的语境，将其置于自身的系统里。我一直在找一个合适的位置，一个过去与当下的平衡。

2014 当代水墨大事记

Events of Contemporary Ink in 2014

一月

◆1月11日，由南京文化创意产业协会主办、芥墨艺术馆承办的『墨色千寻——2014芥墨艺术馆水墨推荐展』于芥墨艺术馆举办。本次展览集中展现16位全国一线新水墨青年艺术家五十余幅作品。

二月

◆2月22日，由享悦艺术机构主办，南京六尘艺术馆特别承办的『新水墨新青年——新水墨青年艺术家作品（第一回）南京展』在南京六尘艺术馆开幕，共有18位青年艺术家参展。该展览第一回第一站已于2013年12月8日在北京新水墨意象馆落幕。

◆2月28日，『时间的节点——中国20世纪80年代水墨景观』在上海喜玛拉雅美术馆举办。本次展览展出36位艺术家于80年代创作的近180件水墨作品，配合相关文献，展览从源头梳理当代水墨的缘起、发展、变革和实验，以及水墨艺术家的成长、变迁和分化。展览分为1979—1984，1985—1989两部分，除作品外，展览对所有艺术家在80年代的创作状态及对水墨形态的思考作了一次问卷调查，了解水墨思想史以及中国文化变革时期艺术家的步履、抱负和他们的局限。

三月

◆3月6日，由中国画学会、金陵美术馆联合主办，南京澄怀文化创意发展有限公司承办的『首届「70后」水墨大展』在南京金陵美术馆开幕。此次展览作为70后水墨艺术家的第一次集体亮相，将围绕个体艺术形态的划分，对70后的水墨艺术做一个力求全面的探讨和梳理，旨在积极推动中国水墨发展。

◆3月15日，为缅怀新文人画代表艺术家朱新建，雅昌艺术网特别策划『水墨革新 文人情怀——缅怀朱新建暨新文人画群展』在正观美术馆开幕。此次展览包括朱新建、卢沉、周京新、边平山、李老十、李津、刘庆和、徐乐乐等新文人画重要代表艺术家作品近百幅，是对中国新文人画的发展源流进行一次系统呈现。

◆3月15日，『柒舍雅集水墨展——艺术家的理想』在今日美术馆2号馆开幕。柒舍雅集是一个由八位70后水墨艺术家组成的创作团体，成员包括杜小同、杭春晖、刘琦、秦修平、孙浩、谭军、王煜、徐加存。本次展览集中展示了柒舍艺术家一年多以来的创作面貌和发展状态。

◆3月27日，中国美术馆与中外友好国际交流中心共同主办的『中国意象——当代中国水墨与雕塑艺术展』于法国巴黎大皇宫美术馆展出，是当代中国艺术首次展出于该馆。此次两个机构共同策划，遴选了60位当代中国水墨画家和20位雕塑家，以『中国意象』为题，向法国人民展示富有东方意韵的中国水墨画和雕塑艺术作品，基本反映了当代中国水墨画和雕塑艺术的最新探索成果和最高水平。

五月

◆5月10日，『2013—2014中国水墨双年展主题展』在北京时代美术馆36层开幕。展览以『流动的水墨』为主题，由『凝缩之象——具象水墨』、『寓意之象——意象水墨』、『表现之象——抽象水墨』三个单元的展览组成，通过展览来讨论水墨与当代知识语境的关系，并展望它未来的发展方向和发展空间。

◆5月16日，由朱屺瞻艺术馆和上海多伦现代美术馆联合主办的『水墨经验——2014上海新水墨艺术大展』在朱屺瞻艺术馆开幕。展览从水墨经验的多样性、水墨经验与中国文化、水墨经验和日常记忆、水墨经验的再利用这四个角度，以『与古为徒』、『水墨经验与日常记忆』、『跨界——作家与诗人水墨作品展』、『水墨与心性』、『误读与创新』五个单元的群展分别展开。具体参展艺术家包括：齐白石、朱屺瞻、刘海粟、周颖、张海天、乐坚、喻慧、罗青、艺加哥艺术学院学生、上海市长宁区特殊教育指导中心学生、鲁迅公园地书队等。另外，展览特别开辟了『十年——上海新水墨艺术基地文献展』单元，呈现三位创始人刘国松、陈家泠和仇德树十年艺术之路。

◆5月24日，由金陵美术馆和大艺网联合主办、南京澄怀文化创意发展有限公司承办的『大艺之境——当代学院水墨作品展』在南京金陵美术馆开幕，来自全国25个艺术院校的47位青年艺术家的七十余件优秀水墨作品参与本次展览。此次展览的定位是以收藏当代金陵画家作品为主，研究、宣传和弘扬金陵画派，挖掘和推广南京地区新人新作。

◆5月25日，『改造水墨：新的历史观』在南京金陵美术馆举办。本次展览由徐家玲、李国华担纲策展人，吕澎担任学术主持，邀请了白明、戴光郁、何灿波、何玮明、傅旭明、李华生、梁铨、沈勤、孙佰钧、王秋人、魏青吉、徐累、姚媛、朱伟共计14位艺术家参展。展览尝试更为全面的从历史观的角度去审视近30年水墨艺术的发展，而这30年以来最重要的水墨实践之一便是实验水墨。

六月

◆6月5日，作为『2014年国际新水墨大展』互动展，『现场——跨地域的水墨经验』在上海喜玛拉雅美术馆隆重开幕，来自两岸三地、新加坡、韩国的参展艺术家及策展人、评论家齐聚一堂，展开对水墨不一样的讨论。展览选取『水墨当下』这一不曾被正视、鲜有被探讨的线索，以跨地域的三十多位艺术家180组描述日常生活的水墨作品，在新水墨如此热闹的今天，表达直面生活、介入当下的社会、人文诉求。展览通过对『现场人物』、『现场生活』、『现场环境』、『历史现场』等篇章展开叙述，呈现别样的水墨景观。

◆6月6日，《FOSPEL•佳音》杂志邀请国际著名策展人W.Y.Choy和C.K.Kum携手，在浙江美术馆举办『转序IN SEQUENCE——水墨中国当代艺术展』本次展览集中体现了古文达、叶永青、周京新、李津、阿海、王劲松、袁进华、林峰、刘庆和、武艺等艺术家的水墨作品，共同领略和探讨云水氤氲的水墨从相对『传统』的形态实现转变的全新时代。

四月

◆4月2日，由中国美术馆和中国美术家协会中国画艺术委员会主办，由中国国家画院艺术交流中心、北京文化发展基金会·北京国际艺术品沙龙承办的『关切的向度——当代水墨六人展』在中国美术馆开幕。展出了梁占岩、刘进安、袁武、周京新、张江舟、刘庆和6位画家近年来创作的作品和手稿一百八十余件，展现了他们在水墨人物画创作上的个性探索，也展示了当代水墨人物画在『关切』这一主题上的新发展。本次展览旨在通过6位画家的一批新作，展现当代水墨人物画创作的一些重要特征。

◆4月17日，台北新艺术博览会推出当代水墨『运水留彩』专区，呈现当代水墨新艺象，这是台湾艺术展会之中首次推出当代水墨专区的艺博会。参展艺术家涵括两岸华人区，包括：李力民、陈奇、廖美兰、沙清华、苏崇铭、李百鸣、阳艺英、林文莉、魏瑞宗、萧巨升及苗重安等。

◆4月19日，『中国当代水墨状态·鸿家变——玉衡艺术中心开幕展』于上海莫干山M50艺术区举办。展览集中展示了党震、丁蓓莉、杜小同、高茜、李军、刘琦、马骏、沈勤、王冠军、张见、曾健勇、朱建忠十一位当代水墨家在当代水墨创作领域中的近70幅作品，梳理概括出创作的各自线索和艺术的整体迹变。

◆4月20日，由山东省文化厅、山东省文物局、中国艺术报社主办，山东博物馆、刘国松中国现代水墨艺术研究中心承办的『白线的张力——中国现代水墨艺术大展』在山东博物馆礼仪大厅开幕。本次展览汇集了刘国松、洪根深、梁栋材、仇德树、王天德、白海等来自台湾、香港、大陆的34位艺术家的的现代水墨艺术作品160幅，以多样的技法和艺术语言展现画家们对『白线的张力』的探索和创新，呈现当代水墨画发展的多元面向。

七月

◆7月5日，由艺术批评家王萌策划的『寺上美术馆实验室计划』第二回——『来自水墨的新语境』展览在北京寺上美术馆开幕。展览邀请了杭春晖、刘俐蕴、李飒、彭薇、秦修平、孙博、孙浩、田卫、王璜生、杨凯、章燕紫11位艺术家，以『七零』为主体，串联起『五零』、『六零』和『八零』。在历时线索形成不同『代际』连续性的同时，也在『水墨热』的近期表现中，邀请了目前活跃的『柒社雅集』、『新工笔』和『冷墨』艺术群体的部分主将，还有具有代表性的艺术个体组成共时结构。

◆7月12日，『坚白同异：柒舍雅集学术展』在蜂巢当代艺术中心开幕。展览作品包括『柒舍雅集』成员杜小同、秦修平、谭军、杭春晖、徐加存、王煜、刘琦、孙浩的访谈视频、创作手稿、实物研究、代表作品等，试图呈现其创作成因、流变以及风格特征。

◆7月19日，水墨群展『即·墨』在草场地艺术区新水墨意象馆开幕。艺术家陈蕾、董婷竹、胡健、贾宝锋、李晶彬、欧阳光、申卉芃、王晖等8位青年艺术家携近60幅工笔和水墨新作参展。本次展览名为『即·墨』，希望以当下的视角来梳理，呈现工笔、水墨界中的一种精神状态。

◆7月25日，由北京画院、香港水墨创意会共同主办的『香港当代水墨艺术展』在北京画院美术馆开幕，展出王无邪、王秋童、何百里、黄孝逵、沈平、熊海、林天行、陈镜田8位香港艺术家的数十件新作。

◆7月26日，玉衡艺术中心推出『本墨志——青年新水墨推介展』第一回。策展人孙磊以『本墨志』为主题，展开对青年新水墨实践状态的探讨。展览邀请了共10位青年艺术家，包含程保忠、黄岑、李娜、刘辉、鹿野骋、单鼎凯、宋忠山、杨士奎、张富军、赵方方，他们在各自不同的向度上做出了自己对新水墨表达的尝试。

九月

◆9月5日，由中国现当代美术文献研究中心主办的『中国当代青年水墨年鉴』系列展全面启动。第一回展以『虚实』为主题，展出姜吉安、郝世明、马灵丽、秦艾、秦修平、徐加存、于继东、吴少英8位艺术家的作品。该组艺术家的创作，体现了接受现代美术学院系统训练的青年艺术家创作理念中强烈的思辩意识，以『虚实』的关注立场，表达水墨创作的多重可能性，在东方意韵和当代观念间求得和谐统一。

◆9月21日，北京草场地墨斋画廊推出群展项目『水墨与身体』。参展艺术家包括陈海燕、戴光郁、黄致阳、李津、钱绍武、陶艾民、王冬龄、王蓬、杨诘苍、张春红、张羽、郑重宾。抛开惯常意义上的纸上水墨作品展示思路，展览开始的部分选取了将身体作为媒介的作品，如中国裸体行为艺术第一人王蓬的《84行为艺术》，以及张羽正在创作的《指印》系列和戴光郁的行为表演。

◆9月28日，由江苏省美术馆主办，南京诸子艺术馆承办的『墨向·非常态』大型水墨艺术展在江苏省美术馆展出。展览分为『心象与气象』、『自在与自为』、『和声与复调』、『本我与超我』四个单元，展出水墨作品共计二百余幅，汇聚了周京新、徐累、武艺、张见、徐华翎、李金国、秦修平、秦艾、郝量、祝铮鸣等艺术家近60位。展示了当代中青年水墨画家在传统文化脉络和当下实验精神中的尝试和成果，既是对传统的继承、探索与超越，也是对社会准则，以及当下社会与个人际遇的碰撞等方面所进行的思考与表述。

八月

◆8月15日，由文化部中国对外文化交流协会主办的第七届中国国际青年艺术周的系列视觉艺术展览之一『水墨新精神——传统文化的当代裂变』青年艺术水墨展在石家庄美术馆开幕。此次展览集中展出21位70后水墨艺术家的105件新水墨力作，反映水墨艺术发展到当下，所体现出的新精神、新面貌以及由此激发的新思考。

◆8月30日，冷墨小组『狂飙——一场水墨实验运动』在颖画廊开幕。8月20日下午2点，本展览研讨会于锦都艺术中心举办。研讨会由艺术评论家夏可君博士主持，围绕着『向水墨提问』、『如何以水墨提问水墨』、『如何借助水墨提问当代艺术』的核心内容展开讨论。

十月

◆ 10 月 1 日，由享悦艺术机构、今日美术馆、朱屺瞻艺术馆联合主办的『新水墨新青年 2014——新水墨青年艺术家作品展』第二回在今日美术馆开幕。本次展览由批评家贾方舟担任学术主持，中央美院实验艺术系副教授、青年批评家孙磊担任策展人，展出 18 位青年艺术家独具特色的水墨作品。

◆ 10 月 10 日，『中国当代青年水墨年鉴展——第二回入境』在北京 798 艺术区的圣之空间开幕。此次展览展出杜小同、杭春晖、李戈晔、孙浩、谭军、曾健勇、刘琦、李鹏 8 位青年水墨艺术家的作品。该组艺术家的创作更多体现在对文人水墨传统的承续，尽管画风与笔墨技法与传统文人绘画大相径庭，然而本质上都着重体现人的精神层面的状态、灵性，以有限的画面，营造、传达出无限的画外之意、画外之境，在当代艺术语境中呈现中国艺术传统的精神内核。

◆ 10 月 25 日，由南京文化创意产业协会主办，芥墨艺术馆承办，杭春晓先生策划的『出——水墨系列展之传统的「维」』展览在南京芥墨艺术馆开幕。本次展览邀请了全国 10 位符合此次展览主题的知名青年艺术家，在给出既定的形式要求——手卷、册页，试图重新检讨这些传统的既定维度，能否在新体验方式中获取认知的新空间。

十一月

◆ 11 月 8 日，由凤凰出版传媒集团，金陵美术馆主办的『画为心生——当代水墨邀请展』在金陵美术馆隆重开幕。此次参展的艺术家包括杜小同、秦修平、谭军、罗寒蕾、马骏、杭春晖、徐加存、郝世明、李军、詹勇、杨运高、王焜、刘琦、祝铮鸣、孙浩、邓先仙、韩梦云等 17 位青年艺术家近期的优秀作品，全面呈现了『新水墨』当下的革新与拓展。

◆ 11 月 9 日，『中国当代青年水墨年鉴』第三回展在 798 圣之空间开幕，邓先仙、李军、李婷婷、潘汶汛、彭剑、彭薇、吴雪莲、徐华翎、杨宇、祝铮鸣等 10 位艺术家参展。该组艺术家的创作，在画面构成、水墨技法层面均有一定突破，且对技法的研究并非目的，而是作为手段，旨在探寻水墨表达的多种可能性。尽管画面所呈现的气息、意境不尽相同，但多带有怀旧、恋物等偏于细腻敏感的情绪。偏重视觉图像的创造，强调观看的愉悦性，在创造形象的同时也在传达情绪，将传统画论中的『以形写神』在当代语境下进行新的演绎，与该展览主题『形神』相契合。

十二月

◆ 12 月 2 日，『第三届重塑东方美画展——美在慧眼 • 水墨心印』在南京艺术学院美术馆开幕。这次展览集结了海峡两岸 13 位当代水墨画家共 70 幅作品，参展画家有刘国松、杜大恺、张培成、仇德树、林逸鹏、沈勤、邢庆仁、刘庆和、卢禹舜、杨培江、陆春涛、丁蓓莉、张桂铭。该画展 12 月 6 日在宁闭幕后移师广州，于 12 月 26 日至 2015 年 1 月 26 日期间在广州美院美术馆举行第二场展览，并举行学术研讨会。

◆ 12 月 5 日，『反观工笔——中国当代工笔画学术邀请展』在岭南美术馆开幕。参展艺术家以国内较为活跃的 70 后艺术家为主体，反观当代工笔画创作的问题与情境。本次展览由杨小彦担任学术主持，特邀国内较为活跃并且新锐的艺术评论家及美术史学者为学术批评观察团，以期形成有助于推动当代工笔画创作的对话平台。

◆ 12 月 6 日，由今日美术馆、享悦艺术机构联合主办，夏可君博士策展的『托古改制——当代工笔画展』在今日美术馆开幕。本次展出徐累、魏东、张见、高茜、徐华翎、杭春晖、郑庆余、祝铮鸣、赖静、彭剑、郝量、肖旭共 12 位当前最受关注的当代工笔艺术家的代表作品。

◆ 12 月 20 日，『变异：中国当代水墨大展二』在蜂巢当代艺术中心开幕。展出党震、何剑、江宏伟、姜吉安、金沙、彭薇、秦艾、宋陵、王天德、魏东、魏青吉、徐华翎、张见、张羽、朱伟、曾健勇等 16 位当代水墨艺术家的作品。

图书在版编目（CIP）数据

中国当代青年水墨年鉴 2014 / 赵力编 . -- 北京 : 人民美术出版社 , 2015.5

ISBN 978-7-102-07061-2

Ⅰ . ①中… Ⅱ . ①赵… Ⅲ . ①水墨画－绘画评论－中国－现代 Ⅳ . ① J212.052

中国版本图书馆 CIP 数据核字 (2014) 第 300037 号

中国当代青年水墨年鉴2014

编辑出版 人民美术出版社

100735 北京北总布胡同32号

http://www.renmei.com.cn

主　　编 中国现当代美术文献研究中心（CCAD） 中策艺术

责任编辑 潘彦任 张雪梅

特约编辑 陈 琳 杨之歌

责任印制 文燕军

制　　版 契品文化艺术发展有限公司

印　　刷 北京永诚印刷有限公司

经　　销 新华书店总店北京发行所

2015年8月第1版 第1次印刷

开　　本 889毫米×1194毫米 1/16

印　　张 24

I S B N 978-7-102-07061-2

定　　价 398.00元